KB097697

이현

어린이문학 작가. 1970년 부산 출생. 대학에서 국어국문학을
공부했다. 제10회 전태일 문학상, 제13회 창비좋은어린이책 공모
대상, 제2회 창원아동문학상 등을 받았다. 사회적 문제의식을
아이들 개인이 겪는 문제와 연결하여 이야기로 엮어 내는
솜씨가 탁월하다는 평가를 받는 그는 문학도 어린이도 어렵다고
생각하지만 스스로를 돌아보며 어설픈 지도를 들고 희미한 불빛에
의지해서 조심스럽게 한 걸음 한 걸음 어린이에게 다가가는
초심을 잃지 않으려 애쓴다. 추계예대, 숙명여대, 춘천교대에서
동화 창작을 가르치고 있다. 『짜장면 불어요!』, 『로봇의 별』,
『악당의 무게』, 『푸른 사자 와니니』, 『플레이 볼』, 『일곱 개의
화살』 등 여러 편의 동화를 썼다.

동화 쓰는 법

동화 쓰는 법

이야기의 스텝을
제대로 밟기 위하여

이현 지음

유유

1   슬로 퀵퀵 슬로 …… **11**

2   베짱이의 그 노래: 이야기 …… **15**

3   나 그대에게 모두 드리리: 어린이 독자 …… **25**

4   욕망이라는 이름의 춘향이: 주인공 …… **39**

5   무심코 던진 돌: 인물 …… **51**

6   그러던 어느 날: 사건 …… **67**

7   어떻게 말하면 좋을까: 스토리와 플롯 …… **79**

8   탈탈 털면 나오는 것들: 설정 …… **93**

9   전망 좋은 그 자리: 절정 …… **109**

10 그럼에도 불구하고: 결말 …… **121**

11 당신의 승부수는?: 창작의 전략 …… **131**

12 밀고 당기기의 기술: 쓰기 …… **147**

13 이토록 기나긴 메모: 어쩌면 동화 …… **155**

+   동화를 쓰려는 분들에게 권하는
    동화와 청소년소설 100권 …… **163**

++ 동화를 쓰려는 분들에게 권하는
    어린이문학과 창작 이론서 10권 …… **183**

주 …… **187**

참고 문헌 …… **189**

1
{ 슬로 퀵퀵 슬로 }

탱고를 배운 적이 있다.

아바나에서 탱고를 처음 만났고, 한눈에 반하고 말았다. 한국으로 돌아와 탱고 강습에 등록하고, 황금빛 탱고 슈즈를 샀다. 새빨간 탱고 드레스도 장만할 생각이었다. 마음은 이미 탱고 댄서였다. 탱고 음악처럼 울렁대는 가슴을 안고 첫 수업에 달려갔다.

그런데 배우는 건 '슬로 퀵퀵 슬로'뿐. 드레스도 없고 음악도 없었다. 로드리게스도 안토니오도 없었다. 나는 후아나도 아니고 카르멘도 아니었다. 운동복을 입은 이영희들과 김철수들이 어색한 표정에 뻣뻣한 자세로 슬로 퀵퀵 슬로. 그렇게 기본 스텝을 잠시 배운 뒤, 드디어 탱고 음악이 흘렀다. 우리는 탱고 감성에 충만하여 음악에 맞춰 탱고를…… 아니, 그걸 탱고랄 순 없고, 음악에 맞춰 춤을…… 아니, 그걸 춤이랄 수도 없고, 그래, 우리는 탱고 음악 속을 허우적거렸다.

"스텝이 엉키면 그게 탱고예요!"

영화 『여인의 향기』의 명대사는 그야말로 사실무근 혹세무민이다. 스텝이 엉키면, 그건 그냥 몸부림이다.

하지만 탱고란 모름지기 자유의 춤, 즉흥적이고 열정적이고 창조적이라 하지 않는가. 스텝 따위에 얽매여서는 진정한 탱고가 아니라고 부르짖어야 할 것만 같다.

스텝을 엉클면 그게 탱고예요!

서술어를 살짝 바꾸자 의미가 달라졌다. 그렇다. 스텝이 엉키는 것과 스텝을 엉클어 버리는 것, 이건 전혀 다른 의미다. 기본 스텝을 밟을 줄 몰라 발이 엉키는 건 몸부림이지만, 기본 스텝을 자유롭게 엉클어 버리면? 그게 바로 춤이다. 탱고다. 숨쉬기처럼 스텝을 익힌 댄서의 능숙한 변주가 진짜 자유다. 즉흥적이고 열정적이고 창조적인 자유의 춤, 탱고는 댄서의 발끝에 각인된 스텝에서 시작된다.

슬로 퀵퀵 슬로, 슬로슬로, 퀵퀵 슬로 퀵퀵 슬로.

안타깝게도 스텝을 익힌다고 우아하게 탱고를 출 수 있는 건 아니다. 다만 꾸준한 유산소 운동은 기초 체력에 도움이 된다는 사실을 장담할 수 있을 뿐.

판타지문학의 대가 어슐러 K. 르 귄도 스텝에 대해 말한 바 있다. "기술이 예술을 가능하게 한다." 소설가 데니스 루헤인은 『운명의 날』에서 이렇게 말하기도 했다. "기술이란 노동을 사랑할 때 일어나는 기적"이라고. 그러니까 내 멋대로 편집해 보면 이런 말이 되겠다. 발바닥에 땀 나도록 스텝을 익히면 예술이 가능할……지도 몰라요. 스텝이 예술을 가능하게 할…… 수도 있어요.

예술은 스텝에서 시작된다. 일단 조명도 드레스도 파트너도 없이 운동복 차림으로 슬로 퀵퀵 슬로.

이것은 스텝에 관한 책이다.

2
{ 베짱이의 그 노래: 이야기 }

태초에 이런 사람들이 있었다.

아침마다 떠오르는 태양을 유심히 살펴본 사람들이 있었다. 그런데 가만, 어째 갈수록 태양이 게으름을 피우는 것 같네? 그들은 날씨가 추워질수록 태양이 늦게 뜬다는 사실을 알아차렸다. 겨울의 정점을 지나 태양이 조금씩 일찍 떠오르면 바람이 부드러워진다는 사실도 알게 되었다. 태양의 운행과 계절의 상관관계를 깨달았다. 마침내 지구 밖으로 나아가 태양과 지구의 모습을 사진으로 찍었다. 태양계를 넘어 우주의 비밀에 다가가게 되었다. 그것은 태초로부터 품어 온 질문에 대한 대답이었다. 과연 우리는 어디에서 왔는가. 우주에 그 답이 있었다. 우리는 별의 후손이다. 이는 관찰과 추론으로 밝혀낸 객관적 사실이다.

이와는 전혀 다른 사람들도 있었다. 아침마다 떠오르는

태양을 눈여겨봤지만, 그들의 관심은 엉뚱한 데 있었다. 눈앞에 번히 떠 있는 태양을 놔두고, 보이지 않는 무언가를 상상했다. 가만, 하늘이 저렇게나 넓은데 어째서 태양은 달랑 하나일까? 원래 두 개였던 거 아닐까? 그들은 눈에 보이지도 않는 일을 머릿속에 그려 본 것이다. 그렇게 있지도 않은 일에 대해 진지하게 고민한 끝에 마침내 합당한 아니, 합당해 보이는 답을 생각해 냈다.

처음에는 하늘에 두 개의 태양이 있었다. 세상은 지나치게 뜨겁고 또 건조해 뭇 생명들은 고통스러운 나날을 보내고 있었다. 그러던 어느 날, 하늘님의 아들이 천 근의 무쇠 화살로 태양 하나를 쏘아 떨어뜨렸다. 드디어 하늘에는 하나의 태양이 뜨게 되었다. 그리하여 조화로운 세상에서 뭇 생명들이 번창하게 되었다는 오래된 이야기, 그러니까 제주도 무가巫歌 천지왕본풀이의 일부다.

이를 일월日月조정신화라 하는데, 우리 문화권에만 있는 얘기는 아니다. 중국의 일월조정신화에서는 하늘에 무려 열 개의 태양이 떠 있었는데 명궁 예가 그중 아홉을 쏘아 떨어뜨렸다. 몽골의 하늘에는 세 개의 해와 달이 있었다고 하고, 일본은 우리와 같은 두 개였단다. 문화권의 크기에 따라 해와 달의 개수가 다르다. 과연 뭐가 맞을까? 물론 정답은 없다. 문화권에 따라 저마다의 이야기가 있을 뿐이다. 일월을 조정하는 과정에도 공동체의 가치관이 담겨 있다. 아시아 너머의 문화권에서도 태양에 대한 다양한 이야기가 있다. 누군가는 이런 생각을 그림으로 그리거나 북소리, 춤사위로 표현하기도 했다. '내가 보기엔 그럴 것 같다'면서 '이렇게 생각해 볼 수도 있지 않을까'라는 생각을 자신의 방식대로 표현한 것이다. 주관적인 질문에 대한 주관적인 대답, 지극히 주관적인 진실이다.

그로 인해 세상은 전과 다른 무엇이 되었다. 물론 세상 자체가 달라진 건 아니다. 하지만 세상을 보는 다른 눈을 갖게 되었다. 그것은 다른 세상을, 그때껏 내가 알던 유일한 세상 너머의 새로운 세상을 갖는 것과 같다.

태초에는 하늘에 태양이 두 개나 있었다고? 그야말로 깜짝 놀랄 만한 얘긴데, 듣고 보니 그럴싸하다. 하긴, 해도 하나 달도 하나…… 누가 일부러 짜 맞춘 것 같잖아. 그게 설마 우연이겠어? 하마터면 이 세상이 해가 둘이나 있는 불지옥일 뻔했는데, 참 다행이네!

아기들이 잠투정을 하는 것은 잠과 죽음을 구분하지 못하기 때문이라고도 한다. 다시 깨어난다는 확신을 하지 못한다는 거다. 모른다는 것은 어둠이요 공포다. 옛사람들에게 아침이면 해가 뜨고 저녁이면 해가 지는 현상은 이치를 알 수 없는 미지의 그 무엇이었다. 그런 사람들에게 이야기가 있었다. 영문 모를 세상을 이야기로 인해 비로소 납득하게 되었다.

그렇다고 한낱 이야기가 인류에 영원한 안식을 주었을 리가. '지금'에 만족하지 못하는 것이 인간의 속성이 아닌

가. 개인이든 집단이든, 인간에게는 언제나 결핍이 있다. 그로 인해 인간은 나아졌고 나빠졌으며, 행복해졌고 불행해졌다. 보이지 않는 무엇에 관심 많은 사람들이 이러한 결핍을 놓쳤을 리 없다. 태양을 골똘히 보던 것처럼, 사람의 일을 골똘히 보았을 것이다.

억울해서 못 살겠네, 어째서 나는 이렇게 고생인데 우리 형은 잘 먹고 잘 사는 거야? 한데 사촌 녀석이 땅까지 샀다고? 아이고 배 아파, 아이고 배 아파. 어째서 우리네는 죽어라 일을 해도 가난한데, 양반님네들은 날 때부터 금수저를 물고 난대?

이처럼 못난 속내를 다 털어놓자니 부끄럽고 민망하다. 신분제가 어쩌고저쩌고 했다간 목숨을 부지하지 못할 수도 있다. 그렇다고 입 다물고 있자니 속병이 난다. 가슴 어딘가에 깊은 구멍이라도 난 것 같다. 이번 생엔 도저히 채울 수 없는 그 어떤 결핍과 그것으로부터 자라난 욕망.

그 자리에 이야기가 생겨났다. 현실을 적나라하게 고발하며 후련한 기분을 선사하는 이야기도 있고, 현실에서는 불가능한 꿈으로 위안을 주는 이야기도 있었다. 원님 아들과 정식으로 혼인하려는 기생 딸이 신관 사또의 수청을 거절하다 맞아 죽었다는 이야기도 있고, 기생 딸은 신관 사또의 수청을 거절하였으나 원님 아들이 암행어사로 돌아와 결국엔 꿈을 이루었다는 이야기도 있었다. 굽이굽이 숨 찬 인생사를 이야기로 재미나게 풀어냈던 것이다.

그렇다. 재미나게!『양반전』은 겉으로만 체면을 차리는 양반네의 행태를 말하고자,

그러나 양반이 반드시 지켜야 할 것이 있으니, (……) 밥을 먹을 때는 맨상투 바람으로 먹지 말며, 국부터 먼저 마시지 말며, 국을 먹을 때는 방정맞게 후루룩 소리 나게 마시지 말며, 젓가락을 방아 찧듯이 톡톡거리지 말며, 날 파를 먹고 냄새를 풍기지 말아야 하느니라. 술 마실 때는 수염을 쭉쭉 빨지 말며, 담배 피울 때는 볼이 오목하게 파이도록 연기를 깊이 빨아들이지 말아야 하느니라.[1]

라고 한껏 멋을 부린다. 재미난 표현을 지어내기도 하고, 손에 땀을 쥐는 사건을 만들기도 하고, 사랑하지 않을 수 없는 인물을 동원하기도 하고, 소름 돋게 무서운 분위기를 자아내기도 한다.

물론 말짱 거짓말이다. 제아무리 재밌어도, 그럴듯해도, 의미심장해도, 이야기는 객관적인 사실이 아니다. 실제로 있었던 일도 아니다. 주관적인 진실. 누군가의 눈에 비친 세상. 누군가의 마음에 담긴 진실을 그럴듯한 이야기로 꾸며 낸 것이다. 이래저래 돌려 말해 봤지만, 결국 딱 잘라 얘기하자면 이거다. 거짓말.

『내 이름은 삐삐 롱스타킹』의 주인공 '삐삐로타 델리카테사 윈도셰이드 맥크렐민트 에프레임즈 도우터 롱스타

킹'은 어떤가? 삐삐는 허구의 인물이다. 한마디로 삐삐라는 존재 자체가 거짓말이다. 하지만 뭐 어떤가? "콩고에는 거짓말을 하지 않는 사람이 한 명도 없"고 그곳에서는 "다들 하루 종일 거짓말만" 한다. 이야기 세상이 바로 그런 곳이다.

그러나 삐삐는 또한 진실이다. 남자 어른 하나쯤 한 손으로 번쩍 들 만큼 힘이 세고, 길에다 뿌려도 좋을 만큼 돈이 많고, 어른들의 고리타분한 잔소리 따위 가뿐하게 되받아치고, 그런 자신을 좋아하는 토미와 아니카 그리고 원숭이 닐슨 씨와 커다란 말 한 마리쯤 갖고 싶은 마음, 그건 어린이의 진실이다(사실 나도 간절히 바란다). 삐삐의 언행 또한 마찬가지다. 이집트에선 누구나 뒤로 걷지만 아무도 이상하게 생각하지 않는다는 삐삐의 말은 마땅히 그러해야 할 진실을 담고 있다.

처음 『내 이름은 삐삐 롱스타킹』이 출간되었을 때, 사람들은 삐삐의 진실에, 작가 아스트리드 린드그렌의 진실에 깜짝 놀랐다. 세상에 이렇게나 이상하고 새로운 동화가 있다니! 삐삐의 주관적 진실은 사람들에게 놀라움을 주었다. 다른 눈을 선사했다. 새로운 세상을 꿈꾸게 했다.

『잠자는 미녀와 마법의 물렛가락』은 익숙한 서구의 옛이야기 두 편을 절묘하게 엮어 낸 '공주' 이야기다. 그렇게 엮은 것 자체가 신선할뿐더러, 인물들의 변신은 더욱 놀랍다. 너무도 익숙해서 역사처럼 불변의 사실로 여겨 온 옛이야기를 놀라운 각도로 뒤집어 새로운 전설을 만들어 냈다.

『좀비』는 연쇄 살인을 소재로 한 작품이다. 어머니로부터 상처받은 남성이 여성에 대한 혐오감으로 연쇄살인을 저지른다는 식의 빤한 이야기가 아니다. 이 작품에서는 아버지로부터 학대를 받으며 성적으로 억압된 유년기를 보낸 남성이 다른 남성을 자신의 좀비로 만들고자 연쇄 살인을 저지른다. 일단, 피해자가 건장한 성인 남성이라는 설정이 놀랍다. 범죄물에서 피해자는 여성인 경우가 많고 연쇄 살인의 대상은 으레 젊은 여성이다. 그런데 『좀비』는 익숙한 역할 구도를 뒤집어 버렸다.

내가 단편동화집 『짜장면 불어요!』를 낼 때, 맨 처음 쓴 작품이 「봄날에도 흰곰은 춥다」였다. 다음으로 「우리들의 움직이는 성」과 「3일간」을 썼다. 잘못된 현실을 고발하는 작품들이다. 그러고 나니 다음 작품으로는 좀 '다른' 걸 쓰고 싶었다. 현실을 그대로 드러내는 것도 좋지만 우리가 꿈꾸는 현실을 그려 보는 건 어떨까? 반드시 현실의 테두리 안에서만 움직일 필요는 없지 않나? 언제부터인가 우리는 현실을 그대로 받아들인다. 아니, 순응하고 순종한다. 그렇다고 이야기 속 인물까지 그럴 필요는 없다. 세상 어딘가에는 온몸으로 꿈을 말하는 사람도 있다.

어린이들에게 그런 사람을 소개하고 싶었다. 영웅이나 위인이 아닌, 어린이들이 일상에서 자주 만나는 평범한 사람. 하지만 자신만의 꿈으로 눈동자가 빛나는 사람. 나는 초등학교 하교 시간에 아파트 단지와 학교 사이에 하염없이 앉아 있었다. 오토바이들이 참 많이도 다녔다. 그중 가장 눈길을 끄는 건 단연 철가방이었다.

"짜장면 왔어요!"

문밖에서 이 한마디가 울리면 우리 모두 얼마나 반가워하는가. 나는 그렇게 「짜장면 불어요!」의 기삼을 만났다. 짜장면과 짬뽕 사이에서 날마다 갈팡질팡하는 내가 아닌 박기삼. 현실에서는 한번도 본 적 없는 것 같은 뜻밖의 철가방, 놀라운 청춘. 기삼은 내가 꿈꾸는 나인지도 모른다. 내가 믿고 싶은 나인지도 모른다. 그렇게 기삼이라는, 좀 남다른 철가방이 어린이들을 만나게 되었다. 내가 믿어 온 진실이 기삼을 통해 이야기가 되었다.

개미와 베짱이에 대한 우화는 어떤가. 개미가 베짱이를 가엽게 여겨 함께 겨울을 났다고 알려져 있지만, 어쩌면 베짱이의 노래가 개미의 마음을 움직인 게 아닐까. 분주한 계절에는 시끄럽기만 했는데 눈 내리는 겨울밤, 문득 베짱이의 노래가 개미의 마음에 와닿았을지도 모른다.

뒤로 가는 개미
— 유강희

개미가

제 몸보다

몇 배나 큰

나방 한 마리를

물고 기어간다

뾰족한 엉덩이에

눈이 달렸나

뒤로 기어간다

길도 얼른

자리를 바꿔

뒤가 앞이

되게 한다

노란 나방은

그냥 따라간다

아니 개미를 밀고

앞으로 간다[2]

　나라면, 내가 개미라면 소주 한 잔…… 아니, 진딧물액 한 사발 들이켰을 것 같다. '고달픈 여름의 노동을 노래하는 시라니! 아아, 그 여름은 얼마나 뜨거웠던가. 그때는 정말이지 사는 게 고달파 왜 굳이 태어났나 싶었다. 어째서 나는 여왕개미로 태어나지 못했는지 하늘이 원망스러웠다. 수개미처럼 단 한 번이나마 자유롭게 날아 봤으면! 그런데 시가 그 여름을 노래했다. 아아! 내가 나방을 끌었던가, 나방이 나를 밀었던가. 지난여름이 조금 가벼워진 것도 같다.' 개미는 붉어진 눈길을 딴 데로 돌린 채 슬그머니 문을 열고 베짱이를 안으로 들일지도 모른다. '그럼 뭐 이리 들어와서 그 시라는 걸 또 지어 보든가 말든가……' 중얼거리면서.

누군가의 진실을 통해 보는 다른 세상. 습관이 되어 버린 일상에서 낯선 얼굴을 발견하고, 유일한 정답이던 사실에서 다양한 진실을 발견하는 놀라움. 이야기 덕분에 세상은 별빛처럼 다채롭고 바다처럼 깊어진다. 그 시작에 신화가 있다면, 그 현재에는 어린이문학이라는 별난 장르가 있다.

3
{ 나 그대에게 모두 드리리: 어린이 독자 }

어린이문학.

따지고 보면 참 별난 장르다. 예술의 그 어떤 장르도 수용자를 중심으로 장르를 규정하지 않는다. 음악에도 미술에도 영화에도 어린이를 위한 작품이 있지만, 별도의 장르로 구분하지 않는다. 그런데 문학에만 유독 '어린이'가 붙는 장르가 따로 있는 것이다.

말은 간단하다. 어린이문학. 어린이를 위한 문학.

그중에서 서사장르를 흔히 동화라 하는데, 한 걸음 더 들어가 보면 그 의미가 간단치 않다. 우선 보통 사람들이 '동화 같다'고 할 때의 동화는 환상적인 이야기 또는 행복하게 끝나는 이야기 정도의 의미다. 애들 책이라는 뉘앙스도 있다. 이와 달리 연구자들은 동화라는 용어를 두고 지난한 논쟁을 벌이고 있다.

그렇다면 동화작가들은 어떨까. 대개 작가가 '나는 동화를 쓴다'고 할 때의 동화는 '어린이를 위한 이야기'라는 뜻이다. 창작의 스텝을 말하는 이 책에서도 동화라는 말을 그런 의미로 쓰겠다.

어린이를 위한.

너무도 당연해서 새삼 다시 언급할 것도 없어 보인다. 그러나 이것이야말로 동화의 본질, 존재의 이유, 알파와 오메가다.

어떤 사람은 동화를 두고 '어린이부터 읽는' 장르라고 주장하는데, 글쎄, 그러면 김치는 '한국 사람부터' 먹는 음식인가? 아무런 의미 없는 수사다. 다른 나라 사람이 김치를 먹을 수도 있고, 실제로도 먹는다. 그건 현상이다. 그런 걸 일일이 개념에 포함시키지는 않는다.

동화의 경우도 그러하다. 어린이가 아닌 사람이 동화를 읽을 수도 있고(환영합니다), 이미 읽고 있다. 보다 '적극적으로' 읽는 건 오히려 어른 독자라 할 수도 있겠다. 이것 역시 현상이다.

실제로 누가 동화를 읽든 냄비 받침으로 쓰든 동화의 본질은 달라지지 않는다. 동화는 어린이 독자를 위한 서사문학이다. 애초부터 '어린이'를 위해 존재해 왔다.

동화는 어린이를 위한, 그러니까 '수신'의 장르다. '내가 하고 싶은' 이야기가 아니다. '너에게 전하는' 이야기다.

소설은 동화와 다르다. 소설은 수신이 아닌 발신의 장르다. 내가 하고 싶은 이야기다. 물론 소설가도 독자를 의식하겠지만 그건 현상일 뿐, 소설의 본질은 전달이 아닌 '표현'이다. 일찍이 움베르토 에코는 『장미의 이름』 도입부가 어렵다는 평에 대해 일부러 그렇게 썼다면서, "소설로 들어간다는 것은 산을 오르는 것이며, 산을 오르려면 호흡법을 배우고, 행보를 익혀야 한다"고 말했다. 멋지십니다. 짝짝짝. 에코 선생님의 박력 있는 말씀에는 박수를 치지만, 나도 『장미의 이름』에 제대로 적응하지 못했다. 신학적인 내용은 도무지 이해할 수 없어서 대충 넘겼다. (다행히) 나만 무식한 건 아니라서 『장미의 이름』을 좋아하는 독자들 가운데 내용을 완전히 이해한다고 자부할 사람은 얼마 되지 않는다. 그렇다고 해서 『장미의 이름』의 문학적 가치가 절하되지는 않는다. 소설의 경우에는 오히려 대중의 인기를 얻은 작품이 야박한 대접을 받기도 한다. 이를테면…… 무라카미 하루키나 스티븐 킹? 한국의 모 평론가는 공식적인 자리에서 하루키를 두고 "골 빈 대학생들이 너무 좋아한다"고 했다나. 여기, '골 빈 작가'도 하나 추가해 주세요.

그런데 동화는 다르다. 작가의 표현보다 독자에게 '전달'하는 데 무게 중심을 둔다. 물론 소설가도 독자에게 이야기를 전하고, 동화작가도 자신을 표현한다. 다만 창작의 무게 중심이 다르다는 얘기다. 소설이 어렵게 느껴지면 독자는 스스로를 의심한다. 에코 선생님, 제가 부족합니다.

그런데 동화가 어렵게 느껴지면 독자는 어린이든 어른이든 작가를 의심한다. 뭔 말인지 알아듣게 좀 해 봐봐봐.

동화는 어린이 독자에게 가닿아야 한다. 그러지 못하면 작품의 가치를 의심받을 수밖에 없다. 이게 과연 동화냐는 소리나 듣기 십상이다. 흔히들 그러지 않는가. 이 동화는 어린이들이 좋아해요 혹은 안 좋아해요.

그런데 과연 그 '어린이'란 누굴까. '어린이'에게 통용되는 주파수라는 게 있기는 할까. 그러니까 '어린이'라는 독자 집단이 존재하긴 하는 걸까.

법적으로 또는 사회적으로 여러 개념이 있겠지만, 동화 쓰기에서 독자로서의 어린이는 초등학생이라고 보면 되겠다. 8세에서 13세.

과연 이들을 하나의 집단으로 볼 수 있을까? 1학년과 6학년은 같은 집단이라기 어려울 만큼 다르다. 굳이 공통점을 찾자면, '노는 게 제일 좋아' 정도일까? 출판사에서는 보통 동화를 저학년－(중학년)－고학년으로 구분하여 출간하는데, 그렇다면 저학년과 고학년은 어떨까? 저학년이면 1학년부터 3학년, 과연 그들을 동일한 독자 집단으로 볼 수 있을까? 1학년과 2학년은? 1학년 남자아이와 1학년 여자아이는? 서너 살 때부터 가족과 함께 어린이 도서관을 꾸준히 다닌 5학년 아이와 집에 책이라고는 상가 안내서밖에 없는 외딴 동네의 5학년 아이는? 어른과 마찬가지로, 어린이도 한 덩어리로 묶어 내기 어렵다. 독자로서의 어린이도 그렇다. 연령별로, 성별로, 지역별로, 상황별로, 저마다 다르다.

그렇다면 어린이 독자 한 사람 한 사람에게 맞춤 창작을 하라는 뜻일까? 빙고! 정답입니다. 바로 그래야 한다. 물론 맞춤형 수제 책을 출간해야 한다는 뜻은 아니다. 하지만 창작의 과정에서는 단 한 사람의 어린이 독자를 바라보아야 한다.

어린이 독자를 위한 SF동화를 쓰겠어요!

이건 그냥 막연히 동화를 쓰겠다는 다짐과 다르지 않다. 발상이 이러니 결과도 비슷해진다. 상투적이고 관념적인 이야기가 된다. 급하게 지어낸 거짓말처럼 불안정해지기도 한다. 소재는 열다섯 살 이 모 양과 맞겠는데, 주제는 아홉 살 김 모 군이 공감할 만하고, 서술문은 신문 연재소설을 즐기는 아저씨 취향, 대화문은 아침 드라마에 등장하는 아줌마 말투다. 이걸 가지고 나름대로 이리저리 모난 데를 두들겨 놓으면, 이야기는 낮에도 밤에도 속하지 못한 우화 속 박쥐 꼴이 되어 홀로 메아리친다. 뻔해요, 뻔해요, 뻔해요…….

뻔할 수밖에 없다. 상투적일 수밖에 없고, 관념적일 수밖에 없다. 내가 지금 누구한테 이야기를 하는지도 모르는 채, 어떻게 제대로 된 이야기가 나오겠는가. 열흘간의 연휴 끝에 출근의 고통으로 반쯤 넋이 나간 채 차를 빼다가 접촉 사고를 냈다면? 간단한 사고에 대해 이야기할 때도 듣는 대상에 따라 내용이 달라진다. 상대에 따라 거짓말을 한다는 게 아니다. 이야기의 초점이 달라진다는 얘기다. 우리 차가 왜 이렇게 망가졌는지 묻는 여섯 살 딸내미, 내 쪽 보험 회사 직원, 상대 쪽 보험 회사 직원, 상대 차주, 사고로 인한 지각을 변명해야 할 나의 직장 상사, 까칠한 주차장 관리인, 요즘 어쩐지 자꾸 신경 쓰이는 그 남자……. 당연히 이야기의 초점이 달라진다. 초점에 따라 이야기의 맥락도 달라진다. 상대가 이해할 수 있게끔, 나에게 공감할 수 있게끔. 그에 따라 이야기의 성격이 완전히 달라지는 것이다.

접촉 사고도 이러한데 긴 이야기, 그것도 작가의 진정 어린 이야기를 독자에게 전하려면 오죽하겠는가? '어린이'라는 포괄적인 대상을 상대로는 이야기의 초점을 잡을 수가 없다. 여기 사는 김영수 어린이, 저기 사는 이영희 어린이, 그중 특정한 어린이를 독자로 삼아 이야기해야 한다.

귀신 이야기를 들려준다고 가정해 보자. 아직 밤에 혼자 화장실에 못 가는 여덟 살 김영수 어린이와 짜릿한 공포의 맛을 찾아 유튜브를 뒤지고 다니는 열두 살 이영희 어린이. 두 어린이를 동시에 고려하는 귀신 이야기가 있을까? 김영수 어린이에게 공포스러운 귀신 이야기를 해 줄 수는 없다. 반면 이영희 어린이에게 어설픈 귀신 이야기를 꺼냈다가는 비웃음이나 살 것이다. 대상에 따라 전혀 다른 귀신 이야기를 해야 한다.

그런데 그냥 뭉뚱그려 '어린이'라고만 생각하면 애매한 이야기가 된다. 으스스한 귀신 이야기인 양 쭈뼛거리다가 알고 보니 귀신의 정체는 슬픈 사연을 가진 이웃집 할머니였다며 훈훈한 마을 잔치를 벌이는 낯간지러운 결말에 이르고 마는 거다.

　'독자'는 그 '책'을 읽는 사람이니 0명일 수도, 1,000만 명일 수도 있다. 출간조차 되지 못한다면 0명일 테고, 조상의 묘를 잘 쓴 덕에 세계적인 베스트셀러가 된다면 기천만 명은 거뜬하다. 어느 쪽이든 실제 '독자'는 작가가 어찌할 도리가 없다. 가끔 창작 수업에서 베스트셀러 쓰는 법을 묻는 사람이 있는데, 여보세요, 그걸 알면 제가 여기서…… 아, 아닙니다. 그렇다 해도 저는 영혼을 다하여 집필을. 흠흠.

　그러므로 창작의 과정에서 고려해야 하는 것은 책이 나왔을 때 읽게 될 실제독자가 아닌 내포독자, 즉 작가가 임의로 설정한 독자다. 김영수냐 이영희냐. 이것이 내포독자다. 학년이나 성별로는 부족하다. "아, 그런 애!" 하고 구체적으로 실감할 만한 어린이여야 한다. 내포독자는 자녀일 수도, 학생일 수도, 아는 집 아이일 수도 있다.

　나는 『로봇의 별』을 쓸 때 친구 아들을 내포독자로 삼았다. 어린이 과학 잡지를 정기 구독하고 로봇 경진 대회에 열중해 있는 4학년 남자아이. 한마디로 과학 좀 아는 어린이 고급 독자. 그 아이가 읽기에도 만만치 않은 로봇 이야기를 쓰겠다는 게 내 포부였다. 로봇을 비롯해 과학에 대해 아는 것도 많고, 어지간한 SF영화는 섭렵한 아이에게 시시해 보이지 않으려면…… 이야기가 갈 길이 분명해졌다. 소재, 주제, 난이도, 속도, 문장, 결말까지.

내포독자는 단지 독자의 수신에만 도움이 되는 게 아니다. 작가의 발신, 즉 동화의 기준점이 되어 준다. 작품의 성패와 수준에도 결정적인 영향을 미칠 수 있다.

솔직히 말해서 낯 뜨거운 동화가 (꽤) 많다. 그게 어린이의 눈높이라는 듯 유치하고 천박한 동화도 있고, 허술하기 짝이 없는 구성으로 판타지를 자처하는 동화도 있다. 인물들은 너무나 간단히 상처받고 분노하고, 그만큼 간단히 반성하고 화해한다. 인물이 아니라 종이 인형 같다. 그런 작품을 보면 작가에게 묻고 싶어진다.

당신은 이 이야기를 진심으로 믿나요?

그런 작품을 내미는 건 어린이 독자를 허술하게 대하는 것이다. 어른이 보기엔 시시하지만, 애들은 이런 것도 좋아할걸! 싸구려 재료에 설탕을 입힌 불량 식품을 내미는 거나 다름없다. 애들인데, 뭐. 애들은 이런 것도 잘 먹는데, 뭐. 애들은 이런 것도 재미있다고 읽을걸! '독자'가 아니라 어린이, 심지어 애들, 애들 책.

어린이 독자에 대한 존중감이 없다면, 부디 딴 일을 알아보면 좋겠다. 이 분야는 딱히 돈도 안 되고(진심입니다), 이름나기도 어렵고(진심이라니까요), 다만 어린이 독자가 이야기를 들어 준다는 커다란 기쁨이 있을 뿐이니.

그 한 사람의 어린이 마음을 움직이는 이야기를 써야 한다. 그 한 사람의 내포독자는 작품의 기준점이 되어 줄 것이다. 작가가 길을 잃지 않도록 북극성처럼 한자리에서 반짝반짝.

솔직히, 처음『플레이 볼』을 쓰기 시작할 때 나는 내포독자에 대해 그다지 고민하지 않았다. 나는 원래 야구를 좋아하고, 야구에 대해 어지간히 알고, 초등 야구부에 대해 취재도 해 놓았고, 그럼 동화 한 편 쓰지, 뭐, 풋! 그렇게 일필휘지 비슷한 기분으로 쭉쭉, 이야기의 절정까지 금세 달렸다. 그런데 그만 길이 끊겨 버렸다. 주인공은 이야기의 절정을 넘어가지 못했다. 결말까지 한 걸음 남았는데, 더 이상 앞으로 나아갈 길이 보이지 않았다. 나는 이야기에 대한 통제력을 완전히 잃었다. 이야기가 멈춰 버렸다. 기름이 떨어진 자동차처럼, 돌연히.

도무지 이해가 가지 않았다. 나는 무모한 탈출을 시도하며 옹벽에 몸을 던지는 듯 같은 대목을 쓰고 또 썼다. 누워도 잠을 잘 수가 없었다. 깜빡 잠이 들었다가도 소스라치며 깨어났다. 수면 부족으로 머릿속이 멍하고 눈앞이 어질어질한데, 잠을 잘 수가 없었다. 글을 쓸 수도 없었다. 그렇게 사흘 밤을 꼬박 새우고 말았다.

그 아침에 아이를 학교에 보내고 억지로 눈을 붙이려고 침대에 누웠는데, 아이에게 준비물을 집에 두고 갔다는 연락이 왔다. 하는 수 없이 며칠 만에 집을 나섰다. 흉악한 몰골을 한 채 차를 몰고 아이 학교까지 다녀오다, 불현듯 깨달았다.

봄이었다.

바야흐로 3월이었다. 아직 바람은 쌀쌀하지만, 유난히도 햇살 좋은 봄날이었다. 나는 집 앞에 도착하고도 한동안 운전석에 가만히 앉아 있었다. 차창 밖으로 보이는 나뭇가지에 제법 새순이 돋아나 있었다. 10분? 15분? 운전석에서 깜빡 졸았던 것 같다. 어쩐지 마음이 가벼워졌다. 그래, 포기하자. 그게 뭐 어떻다고. 그럴 수도 있는 거지. 그리고 터덜터덜 집으로 가려고 엘리베이터를 탔는데 문득 그 아이가 떠올랐다.

엘리베이터에서 자주 마주치던, 합기도장과 피아노 학원에 다니는 소년. 몇 번인가 말을 붙여 보기도 했는데, 행동거지며 말본새며 그렇게나 참할 수가 없었다. 저 아이에게 들개 동화를 들려주면 어떨까. 그런 생각을 했던 기억이 났다. 나에게 동화란, 어린이 독자님에게 들려주는 이야기라는 마땅하고 지당한 사실도 다시금 되새기게 되었다.

나는 집으로 돌아와 연필과 공책을 챙겨서 방바닥에 엎드렸다. 책상에 앉을 기운이 없어서였다. 우리 집 강아지들이 그저 좋다고 달려와 내 옆구리에 몸을 붙이고 누웠다. 나는 녀석들의 온기에 기대어, 엘리베이터에서 마주치던 소년에게 기대어, 이야기를 공책에 적기 시작했다. 저절로, 라는 느낌으로 첫 문장이 떠올랐다.

"한밤중에 문득 잠에서 깼다."

그렇게 짧은 프롤로그를 그 자리에서 공책에 적고 나서야 비로소 깊은 잠에 들었다. 몇 날 며칠을 푹 자고 일어나 『악당의 무게』를 쓰기 시작했다. 1년 가까이 산책을 다니며 조금씩 생각했던 이야기였다. 내포독자가 분명해지니, 이야기는 방황하지 않고 가야 할 길로 나아갔다.

나의 궤도로 돌아왔다. 한동안 좀 나태해져 있었던 것 같다. 오만해졌다고 할 수도 있겠다. 언제부터인가 내포독자에 대해 고민하지 않았던 것 같다. 그냥 쓰면 동화가 되기라도 하는 것처럼.

『악당의 무게』를 끝내고 야구부 이야기에 대해 처음부터 다시 생각했다. 어떤 독자에게 들려주고 싶은가?

출간된 이후에 『플레이 볼』은 남자아이들이 읽을 만한 동화로 소개되는 경우가 많다. 나한테 직접 남자아이들이 읽을 동화라서 좋다고 말하는 분들도 있었다. 애초에 나도 그런 생각을 했던 것 같다.

하지만 덮어 두었던 원고를 다시 펼치니 그렇게 쓰면 안 된다는 생각이 들었다. 『플레이 볼』은 야구부 이야기지만, 그렇다고 '야구 이야기'가 되어서도, '야구를 주인공으로 하는 이야기'가 되어서도 안 된다고 생각했다. 그렇다면 야구를 잘 모르는 어린이를 내포독자로 삼아야 한다는 생각이 들었다. 나는 『플레이 볼』의 내포독자를 '야구에 대해 잘 모르는 5학년 여자아이'로 잡았다. 그렇게 『플레이 볼』은 길을 찾았다. 내포독자가 길잡이였다.

『빙하기라도 괜찮아』를 쓸 때는 이제 막 2학년이 된 조카딸 현서가 내포독자였다. 나는 현서가 사실은 좀 어려운데도 아닌 척하면서 읽어 낼 정도의 이야기를 쓰고 싶었다. 그게 또 문학의 재미가 아닌가. 허세와 허영.

내포독자로 삼을 만한 현실의 아이가 떠오르지 않는다면 어린 시절의 나를 내포독자로 삼아도 좋다. 전학 간 학교에서 애써 씩씩하게 굴던 나, 얼결에 엄마 지갑에 손대고 혼자 벌벌 떨던 나, 글짓기 대회에서 1등 한 친구를 미워하는 나를 미워하던 나……. 혹은 이야기 속 인물도 괜찮다. 어디서든 내 이야기를 들어 줄 소중한 독자님을 책상 앞에 모셔 와야 한다.

내포독자가 명확할수록 이야기는 구체화된다. 생명력을 얻는다. 세상에 하나밖에 없는 이야기가 된다. 단 한 사람을 위한 이야기니, 단 하나밖에 없는 이야기가 될 가능성이 커진다.

의식을 하건 안 하건, 기성작가들은 자기만의 내포독자를 가진 경우가 많다. 한강의 내포독자와 공지영의 내포독자를 떠올려 보라. 이반디와 최나미의 내포독자는 다르다. 오카다 준과 로알드 달의 내포독자도 마찬가지다. 작품마다 다르기도 하지만, 대체로 작가들에게는 고유의 내포독자가 있다.

그런데 습작 중이거나 신인인 경우, 아직 자신만의 내포 독자를 찾지 못했을 수 있다. 그렇다면 작품마다 다양한 어린이를 호명해 보면서 딸깍, 비밀의 숲으로 들어가는 자물쇠가 풀리는 순간을 찾아야 한다. 자신과 통하는 내포독자를 발견하는 때, 그리하여 나만의 목소리를 찾는 때.

4
{ 욕망이라는 이름의 춘향이: 주인공 }

나의 내포독자에게 무슨 이야기를 할 것인가.

이것은 '누구의 이야기'를 할 것이냐는 질문과 같다. 결국 이야기란 독자에게 누군가의 이야기를 들려주는 것이다. 몽실이 이야기, 삐삐 이야기, 수일이 이야기, 기삼이 이야기, 최기봉 선생님 이야기.

『춘향전』은 춘향이 이야기다. 춘향, 그녀를 두고 지고지순한 사랑 운운할 때가 많은데, 과연 그럴까.

춘향은 요즘 말로 '조선판 걸 크러시'다. 처음부터 바라는 바가 뚜렷하다. 자존을 높이 세우고 강인한 의지로 고난을 돌파해 마침내 뜻을 이룬다. 이몽룡이 암행어사 출두로 춘향을 구하지 않았냐고? 그건 그 시대의 현실적인 개연성에 따른 결말일 뿐, 돌이켜 보시라. 이몽룡이 떠날 때도 춘향은, 도련님과 함께라면 첩살이도 좋겠어요 운운하지 않는다. 변학도가 기생의 딸로서는 안락한 혜택을 약속했을 텐데도 춘향은 흔들리지 않는다. 이몽룡이 거지꼴로 돌아왔을 때조차 춘향은 자신의 선택을 후회하지 않는다. 당당한 자리가 아니라면 차라리 죽음을 택한다. 그 결과가 암행어사 출두에 이은 행복한 결말이다.『춘향전』은 춘향의 욕망으로 인해 시작되고 위기를 겪고 마침내 절정을 넘어 대단원을 맞는다. 춘향이 사건의 중심으로 이야기를 주도한다. 춘향의 욕망이 사건을 추동한다.

우리말에서는 '욕망'의 어감이 썩 좋지 않다. 에로물이나 아침 드라마에나 어울릴 법한, 세속적이고 이기적이고 탐욕스러운 어감이다. 그래서 우리는 욕망 대신 '바람'이나 '꿈'이라는 말을 쓰곤 한다. 그렇지만 춘향이 그래서는 곤란하다. '바람'에는 어딘가 한 발 물러선 태도가 있다. '꿈'에는 '언젠가'라는 태도가 있다. 마음에만 간직해도 좋을 것 같다. 즉 행동력이 강하지 않다. 이루어지기를 바라지만, 지금 당장 내 손으로 이루겠다는 의지는 느껴지지 않는다. 그런데 욕망은 어떤가? 어떻게든 내 손으로 부숴버리겠…… 아니, 움켜쥐겠다는 의지가 담겨 있다.

춘향은 바람이나 꿈이 아닌, 욕망을 가졌다. 그 힘으로 이도령과의 이별도 의연히 견디고, 변학도의 겁박에도 버티고, 거지꼴이 된 이몽룡 앞에서도 뜻을 저버리지 않았다. 그렇게 욕망으로 이야기를 주도하는 인물이 주동인물, 즉 주인공이다.『춘향전』은 주인공 춘향의 욕망에 관한 이야기다. 양반집 정실부인으로 당당한 자기 자리를 찾겠다는 춘향의 욕망이 신분제라는 걸림돌과 갈등을 일으키는 이야기다.

기생 딸 춘향의 욕망 vs 신분제.

쿠궁! 효과음이라도 울릴 것 같다. 주인공의 욕망이 걸림돌과 정면으로 맞부딪혔다. 이것이 갈등이다.

서사 이론에서는 이러한 주인공을 '문제적 개인'이라고 한다. 문제적 개인이란, 시대와 불화하는 인물이다. 혁명가로 시대에 맞서는 인물을 뜻하는 게 아니다. 시대/정답/주류 혹은 기존의 질서와 모순된 욕망을 품은 인물이다. 시대/정답/주류/질서와의 갈등이 내재된 인물이다. 의지적으로 시대/정답/주류/질서에 맞선다기보다, 존재론적으로 그러한 개인이다. 존재 자체가 시대/정답/주류/질서와의 갈등을 내포한 것이다.

춘향이 바로 그런 인물이다. 춘향은 신분제에 의지적으로 투쟁한 것이 아니다. 다만 이몽룡의 정실부인이 되기를 욕망했는데, 그 욕망 자체가 시대와 불화한 것이다. 시대의 문제를 내포한 인물이다. 춘향은 그것을 감내하지 않고 적극적으로 욕망했기에 갈등은 사건이 되고 파국을 맞으며 의미 있는 질문을 던졌다. 신분제, 이거 넘어설 수도 있는 거네?

인물의 욕망은 다양할 수 있다. 주인공의 욕망은 세계를 구원하는 것일 수도, 생일잔치 초대장을 짝에게 전하는 일일 수도 있다. 생일잔치 초대장의 경우에 주인공은 소심한 성격이라는 제 안의 '질서'와 갈등을 빚는다.

『무기 팔지 마세요!』의 주인공 보미는 '장난감 총을 금지시키고 싶다'는 일상적인 욕망을 갖게 된다. 그런데 어마어마한 걸림돌과 충돌한다. 말 안 듣는 같은 반 남자애들부터 시작해서 미국의 군수 산업과 그에 결탁한 정치권까지. 보미의 욕망은 시대의 주류 질서와 충돌한다. 보미는 문제적 개인이다.

오카 슈조 단편 「거짓말이 가득」의 주인공 류우는 '정직하고 싶다'는 욕망을 갖고 있다. 그런데 현실은 그리 간단치 않다. 곰곰이 따져 보니 1년이면 무려 1,000번이 넘는 거짓말을 해야만 한다. 어른들은 거짓말이 나쁘다고 말하면서도 스스로 거짓말을 일삼고, 아이들이 거짓말을 할 수밖에 없는 상황을 조장한다. 류우의 갈등은 어린이는 물론 어른인 우리도 종종 느끼는 고민이다. 말하자면 류우의 욕망은 세간의 도덕률과 갈등을 일으킨다. 문제적 개인이다. 좋은 주인공이다.

또한 류우는 전형성을 가진 인물이다. 거짓말 같은 건 하고 싶지 않지만 거짓말을 하지 않을 배짱은 없는, 그러니까 지구의 70퍼센트를 차지하는 바다만큼 많은, 소심한 우리. 그러면서도 개성을 확보하고 있다. 류우는 정정당당하게 맞붙는 성격은 아니지만, 조용히 결심을 지킨다. 왕따를 주도하는 친구 앞에 부르르 떨쳐 일어나진 못하지만,

거짓말로 은밀하게 피해자를 돕는다.

「짜장면 불어요!」에서 기삼의 겉모습과 태도는 전형적인 중국집 배달부다. 노랑머리, 찢어진 청바지, 오토바이. 그렇지만 기삼의 내면은 상당히 개성적이다. 전형성은 인물에 대한 접근성을 높이고, 개성은 인물의 매력을 높인다.

학교에서 우유 급식을 먹기 싫은 1학년 소녀가 있다면? 전형성을 확보한 문제적 개인이다. 우리에게도 그와 비슷한 욕망/모순/갈등이 있다. 여기에 소녀만의 개성적인 면모가 더해지면, 공감도가 높으면서 매력 넘치는 주인공이 탄생한다.

욕망을 가로막는 걸림돌도 그러하다. 걸림돌은 어떤 세력일 수도, 어떤 사람일 수도, 어떤 상황일 수도, 자신의 성격이나 마음일 수도 있다. 춘향이나 홍길동처럼 사회 제도라는 거대한 걸림돌과 맞서게 될 수도 있고, 현덕의 동화에 등장하는 노마처럼 욕심꾸러기 친구와 맞설 수도 있다. 걸림돌은 지구를 노리는 알렉터 군단일 수도, 이내 마음을 몰라주는 무심한 선생님일 수도 있다. 아름다운 사랑 이야기 『루카 루카』의 주인공을 괴롭히는 것은 알 듯 말 듯 한 남자 친구 루카의 마음이다. 반드시 거창한 욕망, 무시무시한 걸림돌일 필요는 없다. 이야기에 걸맞은 욕망, 걸맞은 걸림돌이면 된다.

걸림돌은 인물의 욕망과 뚜렷하게 대립할수록 좋다. 그

래야 갈등의 실체가 명확해지고 사건도 뚜렷한 궤적으로 전개된다. 이야기가 흥미진진해진다. 똑같은 야구 경기라도 대립의 실체가 뚜렷한 경기일수록 흥미진진하다. 그것이 축구에 관심 없는 사람도 월드컵에는 열을 올리는 이유다. 1위가 정해지는 마지막 한 경기, 국가 대항전이라는 뚜렷한 대립 구도는 몰입도를 높인다.

하지만 욕망이 뚜렷하다고 무조건 몰입도가 높아지는 건 아니다. 주인공의 욕망은 내포독자의 공감을 사는 것이어야 한다. 납득할 만한 내적 갈등 없이, 온전히 나쁘기만 한 욕망은 곤란하다.

『바비 클럽』의 '바비 클럽' 회원들은 부유한 집안에 얼굴도 예쁜 백인 소녀들인데 심성이 고약하다. 다른 애들을 깔보고 함부로 대하고 심지어 괴롭힌다. 아무리 어린이지만, 예쁜 구석을 찾기 어렵다. 이 아이들의 욕망은 도저히 공감을 얻기 어렵다. 무조건 악행이라서 안 된다는 게 아니다. 바비 클럽 아이들의 악행에는 일말의 내적 갈등이 없다. 행동뿐 아니라 마음, 욕망까지 악하다. 그런 인물은 주인공으로 적당하지 않다. 이야기를 믿고 맡길 수가 없다. 특히나 어린이 독자는 정의와 불의에 엄정하나니. 작가가 의도적으로 악인을 주인공으로 세우는 경우는 예외라 하겠지만, 습작 단계에서 그런 모험은 피하기를 권한다.

『천사를 미워해도 되나요?』의 아이들 역시 별로 착하지 않다. 작가 최나미는 '작가의 말'에서 대놓고 말한다. "별로 착하지 않은 아이들을 또다시 세상으로 내보냅니다."라고. 남의 차를 몰래 망가뜨리고, 친구를 은근히 깔보고, 착한 친구를 미워하고, 자기 입장에서만 생각하는 아이들. 그런데도 어쩐지 그 아이들에게 끌린다. 조용히 응원하게 된다. 그 아이들의 잘못은 나쁘기보다…… 못났다. 한심한 구석이 많다. 그래서 내가 아는 누구 같고, 바로 나 자신 같기도 하다.

못난 주인공은 괜찮다. 자신의 못난 부분을 솔직히 드러내는 건 친구를 사귀는 가장 빠른 방법이다. 다들 속으로 자신을 좀 못났다 여기지 않는가. 스스로가 한심하기도 하고 딱하기도 하고, 스스로를 챙겨 주어야겠다 싶기도 하고. 이렇게 독자가 공감할 만한 '못난 구석'이 있다는 건 주인공에게 좋은 일이다.

못난 주인공이 모처럼 품은 욕망이 걸림돌에 가로막힐 때, 어쩐지 응원해 주고 싶은 게 인지상정이다. 만약 그 못난 모습이, 그 욕망이 나와 닮았다면 더욱. 그 걸림돌이 나를 힘들게 하던 바로 그것과 닮았다면 더더욱.

문제적 개인이란 문제가 많은 사람, 문제가 심각한 사람이라는 뜻이 아니다. 주인공을 문제투성이로 만들어서는 안 된다. 불행의 구렁텅이에 빠트려서는 안 된다. 부모의 이혼이면 충분한 고민거리인데, 양육자는 무책임하고 성격이 나쁘며 집안은 가난하고 학교에서는 외톨이에 공부도 못하고 가까운 친구에게 배신당하고 반지하에 살며 옷에서 냄새까지 날…… 필요는 없다. 심지어 엄마 아빠 모두 도망치고 폐지를 줍다 허리를 다친 할머니나 할아버지랑 단둘이 살기도 한다. 아아! 이렇게나 박복하고 기구할 필요는 없다. 정말이지 이래서는 안 된다.

『풍선 세 개』의 아이들은 부모의 이혼으로 인한 이별을 앞두고 그동안 공유했던 물건들을 나눠야 한다. 금송아지나 백억대 건물은 아니다. 그림책, 직접 만든 꽃병, 바자회에서 산 전등 그리고 가족사진. 부모가 이혼한 것으로 보아 가족 관계에서 어려움이 있었겠지만, 한 사람 한 사람은 그동안 무리 없이 잘 지내 왔던 것 같다. 엄마 아빠의 불화의 여파로 아이들이 학교에서 왕따와 같은 어려움을 겪는다는 설정도 없다. 그림으로 표현된 세모난 지붕의 단독 주택이나 집 안의 정경으로 보아 경제적 어려움도 없다. 아이들은 그리고 엄마와 아빠는 이별의 과정에서도 이별 후에도 자신을 사랑할 것 같다. 자신의 삶에 충실할 것 같다. 그렇다고 슬픔이 덜해지지는 않는다. 최선을 다했으나 불가피하게 찾아온 슬픔. 그래서 오히려 더 슬프다. 그 슬픔에 오롯이 빠져들 수 있다.

네로와 파트라슈의 죽음에 그토록 눈물을 쏟게 되는 건, 네로가 가지가지로 불행한 탓이 아니다. 할아버지는 폭언과 폭행을 일삼았고, 아로아는 네로를 왕따시켰으며, 마을 사람들은 마주치기만 하면 네로에게 천박한 폭언을 일삼았다면, 그랬다면 『플랜더스의 개』가 더 슬펐을까? 절대로 그렇지 않다. 그랬다면 우리가 그 이야기를 이토록 아름답게 간직하지 못했을 것이다.

인물을 불행의 구렁텅이에 빠트리지 말라. 문제투성이로 만들지 말라. 작품을 통해 드러내고자 하는 단 하나의 문제, 인물의 욕망을 가로막는 단 하나의 걸림돌이면 된다. 어려움에 부딪힌 인물이면 충분하다. 무작정 팔자 사나운 인물이어서는 안 된다.

독자로 하여금 인물을 동정하게 만들지 말라. 어른이나 어린이나, 사람의 마음이 그렇지 않은가. 동정의 대상을 좋아하는 사람은 없다. 동정은 끝끝내 동정일 따름이다. 내 이야기의 주인공을 한낱 동정의 대상으로 만들지 않기 바란다.

독자가 공감하고 이해하고, 나아가 좋아하고 응원할 수 있는 인물. 우리가 공감할 욕망으로 우리를 가로막는 걸림돌과 맞서는 인물. 그건 신분제에 맞서는 개인일 수도, 우유 급식을 거부하는 개인일 수도 있다. 친구에게 생일잔치 초대장 하나 내밀지 못하는 소심한 '나'일 수도 있다.

『일곱 개의 화살』의 대립 구도는 처음부터 정해져 있었다. 나는 애초에 주인공 '마라'로 하여금 검은 회오리를 쫓아 모험을 떠나게 하기로 마음먹고 있었다. 문제는 마라의 욕망이 무엇인가 하는 점이었다.

나는 마라에 대해 골똘히 생각했다. 이런저런 마음을 들쳐 내 모험의 출발선에 세워 보았다. 엄마 아빠를 구하기 위해? 그건 싫었다. 악의 세력을 물리치기 위해? 그건 더 싫었다. 마라가 온전히 자신의 욕망을 위해 움직였으면 했다. 그것이 공동의 선과 일치할 수도 있겠지만, 일단은 마라 개인의 욕망이 우선이었다. 나는 마라의 욕망을 발견해야 했다. 그러자면 마라의 결핍을 먼저 이해해야 했다.

그러다 마라의 형제 관계에 생각이 미쳤다. 그게 마라의 결핍이고 아픔일 것 같았다. 거기서 자라난 욕망을 품고 있을 것 같았다. 그렇게 '동돌'이라는 인물이 생겨났다.

병약하고 의젓한 쌍둥이 오빠.

마라는 반드시 오빠보다 먼저 활을 갖고 싶었다. 오빠보다 활을 잘 쏘아 보이고 싶었다. 그간의 설움과 결핍을 단숨에 날려 버리고자 하는 욕망을 품고 있었다. 그런데 뜻밖에도 엄청난 걸림돌이 찾아든다. 천관과 군사들이 몰고 온 검은 회오리가 식구들은 물론 마을을 송두리째 집어삼킨다. 한 몸처럼 자란 과하마 우레의 영혼마저 검은 회오리에 빼앗긴다. 마라의 욕망은 왕을 중심으로 한 주류 권력에 가로막히고 만다. 그래서 물러난다면 욕망이 아니다. 주인공이 아니다. 마라는 검은 회오리를 쫓아 모험을 떠난다.

그렇지만 나는 막 욕망하고 갈등하고 그런 얘기는 부담스럽고 내 주인공은 욕심 없고 소심한 성격이라고 주장하고 싶은가? 정말 그렇다면 그 인물은 이야기를 주도할 힘이 없다. 선수 교체를 권한다. 하지만 과연 그럴까? 발견하지 못했을 뿐, 누구에게나 간절한 욕망이 있고, 그럼에도 무릎 꺾게 만드는 걸림돌이 있다. 다만 그것을 인식하느냐 못 하느냐 혹은 드러내느냐 아니냐의 차이일 뿐. 욕심 없고 소심한 태도를 지닌 사람이라도 욕망 자체가 아예 없지는 않다.

작가는 인물의 태도를 스케치하는 데 그쳐서는 안 된다. 인물의 내면을 자세히 들여다보고 발견하고 해석하고 그려 내야 한다.

5
{ 무심코 던진 돌: 인물 }

여기, 아주 특별한 인물이 있다.

이제 막 초등학교 2학년이 된 소년인데, 남다른 뇌를 가졌다. 뇌병변장애로 행동이 미숙한 것은 물론 엄마라는 말조차 제대로 발음하지 못한다. 『도토리 사용 설명서』의 유진, '도토리'라는 별명을 가진 요 작고 다부진 녀석은 대단히 의미심장한 주인공이다. 우리의, 우리 동화의 장애아동에 대한, 나아가 약자에 대한 편견을 단숨에 뒤집어 놓았다.

그전에도 장애를 다룬 동화는 있었다. 많이 읽히기도 했다. 대개 비장애아동이 본의 아니게 장애아동을 돕는 입장이 되어 괴로워하다가 여차여차하게 반성하여 장애아동과 친구가 되기로 마음먹는다……는 식인데, 네? 누구 맘대로요?

그때껏 상대를 꺼려하고 무시하다가, 뒤늦게 혼자 반성하고 혼자 친구를 자처한다. 그런 관계가 과연 친구일까? 장애아동의 의사는 전혀 반영되지 않는다. 관계에서 의사결정권을 가진 인물로 설정되지 않은 것이다. 애초에 도움을 받고 싶었는지 아닌지, 그간의 일에도 불구하고 너그러이 용서할 의향이 있는지 없는지, 그동안의 일을 학교 폭력 위원회에 신고하고 싶은 건 아닌지 등 장애아동의 의사를 무시한 채 철저하게 비장애아동의 입장에서 이야기가 전개된다. 장애아동은 비장애아동의 각성과 성장을 위한 도구로 보인다. 철저히 대상화되어 있다. 비장애아동이(사실은 어른들이) '나는야 장애를 가진 아이마저(!) 친구로 받아 주는 좋은 사람'이라는 자기만족을 얻을 따름이다. 고작 동정의 대상으로 만들려면 애초에 장애아동을 불러내지 않는 편이 낫다.

생각해 보라. 누군가 나를 불러서 마주 앉았더니 상대가 "보아하니 너 참 불쌍하니까 내가 친구가 되어 줄게." 한다면?

어째서 장애아동이 그런 동정에 감격할 거라 생각하는가? 어째서 장애아동은 사람에 대한 취향도 없이 친구라면 그저 좋아서 넙죽 손잡을 거라 생각하는가? 어째서 장애아동은 용서와 복수 사이에서 갈등하지 않을 거라 생각하는가?

장애아동이 주인공인 이야기라도 사정은 크게 다르지

않다. 그런 경우, 대개 장애를 극복한 장애아동을 크게 칭찬하는 이야기다. 왜? 대단한 의지로 어려움을 돌파하는 인간은 감동을 주기 때문이다. 하지만 그런 이야기는 자칫 위험한 논리에 빠질 수 있다. 라면 된다! 아니, 하면 된다! 대신, 스스로 돌파하지 못한다면 노력이나 의지가 부족한 탓이라고.

상황을 어린이문학 동네로 바꾸어 가정하면 이런 얘기가 된다. 아무도 모르는 무명의 습작생이 피를 토하며 글을 쓰다가(반대합니다) 천 일 동안 밤마다 북한산 계곡에서 목욕재계하고(불법입니다) 정상에 올라 천지신명께 기도하여(응원합니다) 마침내 걸작을 써내어 베스트셀러가 되었다면서, 세상이 나머지 우리를 보고 혀를 찬다면? 쯧쯧. 노력이 부족해. 남들이 피를 토하면 너는 심장을 토해야지. 네? 심장을 토하면 사망인데요? 그러면서도 우리는 속으로 고개를 떨구게 될 것이다. 난 왜 이것밖에 안 되지…….

유난히 의지 있고 능력 있는 장애아동을 칭찬하는 것은 문학의 일이 아니다. 관공서라면 또 모를까. 문학은, 그렇지 않은 다수의 못난이들에게 괜찮다고 말해 주는 일이다. 남보다 소심해도, 남과 조금 달라도 괜찮다고.

『도토리 사용 설명서』의 유진이 바로 그렇게 말하고 있다. 도토리 사용 설명서를 잘 읽어 보라고. 작품은 장애를 가진 유진을 진정한 주인공으로 삼았으며 극복 따위를 말하지 않는다. 유진에게 장애는 결핍이 아닌 조건이다. 유진은 삶의 주인으로서 마땅한 욕망을 품는다. 『도토리 사용 설명서』에서 장애아동은 동정의 대상이 아니다. 삶의 주체이며, 주인공이다. 당연하게도 욕망은 걸림돌을 만나 갈등을 겪는다. 누구나 그러하듯, 삶이 본디 그러하듯, 유진에게도 사는 건 쉽지 않은 일이다. 그러므로 누구나 공감할 만한 인물이다.

왕따 이야기에서도 비슷한 면을 발견할 수 있다. 왕따 이야기는 대개 중간에서 고민하는 아이를 주인공으로 세우곤 한다. 가해자-방관자-피해자로 나누었을 때, 아무래도 대부분의 아이들이 방관자이기 때문이리라. 일리 있는 선택이다.

문제는 많은 이야기가 왕따 피해자를 대상화한다는 점이다. 주인공은 가해자의 행동에 동조하진 않지만, 그렇다고 적극적으로 피해자를 돕지도 못한다. 사실 주인공도 피해자에게 별 호감이 없다. 많은 작품에서 왕따 피해자는 애초에 기구하고 박복하고 자존감이 낮다. 가난하거나 조손 가정이거나 한부모 가정이거나 다문화 가정의 아이거나 촌스럽거나 혹은 그 모두다. 그러던 와중에 여차여차하여 주인공이 피해자의 좋은 면(심한 경우 딱한 면)을 발견하고, 그것을 계기로 다른 아이들까지 피해 어린이에게 마음을 열고 친구가 된다……는 식인데, 네? 또 누구 맘대로?

역시나 왕따를 당한 아이의 마음 같은 건 제대로 묻지 않는다. 친구가 없는 아이는 다른 아이들이 받아 주면 감지덕지해야 하는가? 그 아이가 이미 다른 친구들을 싫어하고 있을 수도 있지 않는가? 최소한 그런 의문조차 없이 왕따를 당한 아이를 대상화하고 있다. 왕따를 주도하지는 않았으나, 사실상 가담했던 보통의(정확히 말하자면 다수의) 인물이 막판에 피해자에게 도움을 주었다는 이유로 자기 합리화, 자기만족에 빠진다. 비겁하고 야비하다. 이런 설정은 어린이 인물이나 어린이 독자보다, 그런 이야기를 쓰거나 아이들에게 권하는 어른들의 욕망이 아닐까? 불의에 침묵한 자신을 변명하고 용서하기 위해 피해자를 도구로 삼는 것이다.

그에 비해 「셋 둘 하나」나 「다복이가 왔다」는 정직한 이야기다. 여기서 방관했던 아이들은 자신들의 잘못을 똑똑히 깨닫는다. 폭력에 가담했음을, 강한 편에 서는 게 편했음을 마음 깊이 시인한다. 「셋 둘 하나」의 아이들은 냉혹한 진실을 목도하고, 「다복이가 왔다」의 수빈은 자신의 잘못을 깨닫고 다복이를 향해 돌아선다.

『6학년 1반 구덕천』은 현실의 가장 어두운 바닥까지 이야기를 몰고 내려간다. 덕천은 왕따로 인해 벌어진 사고로 그만 목숨을 잃는다. 가해 어린이는 살인자로 낙인찍힌 채 살아가야 한다. 덕천의 여동생은 오빠의 죽음에 대한 마음의 짐을 지고 살아가야 한다.

아이는 실수를 저지를 수 있다(어른은 더 자주, 더 큰 실수를 저지른다). 잘못을 저지를 수도 있다(어른은 더 자주, 더 큰 잘못을 저지른다). 실수와 잘못을 반복하는 게 인생이다. 그것 자체는 문제가 아니다. 하지만 그걸 잘못이라 인정하지 않는다면, 그때야말로 진짜 잘못된 일들이 생겨날 수 있다.

약자를 마냥 순진한 존재로, 달리 말하면 아무 욕망 없는 존재로 그려서는 안 된다. 그건 약자를 주체로 인정하지 않는 태도다. 동등한 존재로 여기지 않는 것이다. 잇속도 따질 줄 모르고, 다른 사람의 악의를 읽을 줄도 모르고, 어른인데 어른의 마음은 모르고 아이의 마음만 알고, 아무런 욕망도 없고. 세상에 그런 사람은 없다. 강아지도 그러지는 않는다. 한국말을 못 해도 마음속 계산기는 똑똑할 수 있고, 지적인 능력이 떨어져도 일상에서는 약삭빠를 수 있다. 장애가 있어도 나서기 좋아할 수 있고, 가난해도 낭만과 사치를 욕망할 수 있다.

심지어 약자가 얼마나 순수한지 혹은 어리숙한지를 우스꽝스럽게 그린 작품들도 있는데, 대단한 무지요 오만이다. '풍자' 하면 탈춤이 먼저 생각나는데, 이는 약자가 강자를 에둘러 비판하며 생겨난 연희다. 대놓고 비판할 수 없어서 눙치듯 강자를 놀려 먹으며 억눌린 마음을 푸는 것이다. 그런데 강자가 약자를 우스꽝스럽게 그린다면? 그건 풍자가 아니라 조롱이다.

다큐멘터리 『끝나지 않은 사람, 미야자키 하야오』에는 스튜디오 지브리의 회의 장면이 나온다. 어떤 사람이 미야자키 하야오 앞에서 판타지 세계에 등장할 새로운 캐릭터를 소개하는데, 꿈틀거리는 움직임이 사실 뇌병변장애인을 연상하게 했다. 미야자키 하야오는 그 캐릭터를 보자마자 표정이 굳었다. 그 캐릭터를 만든 사람이 비하의 의도는 없다고 항변하지만, 미야자키 하야오는 누군가의 아픔에 대해 함부로 아는 척해서는 안 된다고 단호하게 얘기한다.

그런데 심지어 인물을 아예 대놓고 비하하는 경우도 많다. 앞서 언급한 바 있는데, 이혼 가정은 대체로 경제적으로 어렵고, 양육자는 신경질적이거나 무책임하고, 반지하나 산비탈에 집이 있고, 집 안에서는 퀴퀴한 냄새가 난다. 아이는 왕따를 당하거나 친한 친구에게 소외당하는 중이다. 엄마와 아빠에 대한 설정에도 차이가 있다. 모자 가정의 경우, 아빠는 열심히 노력했으나 역부족으로 실패했을 뿐 여전히 처자식을 사랑하는데, 돈 밝히는 엄마가 냉정하게 아빠를 내쫓은 뒤 애들한테 히스테리나 부리는 모습으로 그려지는 경우가 많다. 반대로 부자 가정의 경우, 엄마는 자신의 꿈을 찾거나 돈을 벌겠다고 아이를 버려둔 채 집을 나가고, 남겨진 아빠는 철없고 불쌍하고 나약해서 오히려 아이가 아빠를 챙겨 주지 않으면 안 된다는 식이다. 능력 없고 민폐를 끼치지만 묘하게 사랑스러운 인물(은 없습니다). 이 모든 요소를 완벽하게 갖춘 작품도 없지 않고, 이 중 몇 가지를 갖춘 경우는 부지기수다.

아이를 버리고 떠난 엄마는 나쁘지 않냐고? 그렇게 말할 수도 있겠지만, 그런 말밖에 못 한다면 문학이 아닌 종교 활동이 적성에 맞겠다는 말씀을 드려야 할 것 같다. 자기 연민에 빠져 집 나간 엄마를 원망하고 그리워하는 동화는 이제 그만. 소설도, 시도, 동시도. 아니, 사람도.

소설 『언더그라운드 레일로드』는 집 나간 엄마에 대해 전혀 다른 시각을 보여 준다. 목화 농장 노예인 메이블은 어린 딸 코라를 노예로 남겨 두고 홀로 탈출을 감행한다. 그러나 작품은 엄마 메이블을 단죄하지도, 코라를 동정하지도 않는다. 엄마의 탈출로 인해 코라는 홀로 노예의 삶을 감내하게 되었으나, '유일하게 탈출에 성공한 노예'의 피를 물려받았다. 훗날 청년 시저가 코라에게 탈출을 제안하면서 메이블의 일을 들어 이렇게 말한다. "너는 행운의 부적이야." 결말에는 뜻밖의 반전이 있는데, 이는 세상의 많은 코라들에게 전하는 작가의 위안이 아닐까 싶다.

노인에 대한 시각도 틀에 갇혀 있다. 우리 동화의 노인들은 대개 가난하고 순박하며 배움이 짧지만 지혜롭고 회색빛 도시에 외로움을 느끼며 고향이나 자연을 그리워한다. 왜 그런지 모르겠지만 충청도 사투리 비슷한 이상한 말투를 쓰기도 한다. 직업은 대체로 폐지 수집 혹은 농사.

과연 그런가? 요즘 어린이들의 조부모는 전쟁 이후 세

대, 이른바 한국 경제의 호황기에 직장을 다니고 부동산을 구입한 세대다. 아파트를 좋아하고, 아파트값 오르기를 소원하고, 실제로 그 혜택을 입은 분들이 많다. 젊은 날부터 도시에서만 살아온 분도 많다. 충청도 사투리 비슷한 이상한 말을 쓰는 분은 드물고, 고졸 이상의 고학력자도 적지 않다. 전·현직을 불문하고 폐지 수집이나 농사 외에 다양한 직업에 종사해 왔다.

그런데 동화 속 노인들은 하나같이 정형화되어 있다. 동화에서는 외로움에 사무치던 노인들이 불쌍한 유기견을 만나는 일이 어째서 그토록 빈번하게 일어나는지? 그리고 돈 많은 도시 사람들, 특히 화장이 짙고(접니다) 명품백과 보석으로 치장한(그러고 싶긴 합니다) 여자들은 주로 강아지를 버린다. 도시에는 사람이 많다 보니 유기 동물도 많겠지만, 그만큼 반려동물을 정기적으로 병원에 데려가고 극진히 돌보는 사람도 많다.

대체 무슨 이유로 유기 동물과 폐지 줍는 가난한 노인을 가족으로 엮을까? 더구나 남들이 이미 그런 동화를 쓰고 쓰고 또 썼거늘, 같은 설정을 되풀이하는 이유가 뭘까? 작가의 안이한 선택이다. 유기 동물과 노인에 대한 상투적 이미지를 끌어다 상투적인 이야기를 쓴 거다. 이미 그런 동화가 널렸다는 걸 몰랐을까? 알았다면 뻔뻔한 거고, 몰랐다면 무능력하고 게으른 거다.

정형화된 인물 중 가장 심한 경우는 '엄마'다. 1990년대에는 오히려 엄마에 대해 고민하는 작품이 많았다. 『후박 나무 우리 집』이나 『엄마는 파업 중』 같은 작품이 대표적이다. 그런데 최근에 나온 작품은 오히려 시대를 역행하며 엄마들을 싸잡아 비난하고 공격하고 조롱한다. 이쯤 되면 조리돌림에 가깝지 않나 싶다.

많은 동화에서 엄마들은 전업주부이고 속물이다. 돈을 밝히고 보석이나 명품을 좋아하고 이웃집과 생활을 비교하는 게 엄마들의 유일한 가치관이다. 그런 저열한 사고방식에 사로잡혀 아이를 괴롭히고 남편을 들볶는다. 자기 주관도, 의지도 없다. 그에 비해 아빠들은 직장에 다니며 아이에게 너그럽고 자기 주관으로 판단하는데, 극성맞은 아내를 이겨 먹을 수가 없어 아이 문제에서 한발 물러나 있다. '여보, 거 벌써부터 성적에 그렇게 연연할 필요 있겠소?' '어머, 여보! 모르는 소리 말아요! 옆집 애는 학원을 몇 개나 다니는 줄 알아요? 그런데 우리 애는…….' 부끄러워 차마 더 쓸 수가 없다. 설마 이렇게까지 쓸까? 과연 그 정도다.

현실에서는 이제 전업주부보다 일하는 엄마가 더 많다. 정규직이 아니라도, 파트타임이나 재택근무로 일을 하거나 어떤 일을 위해 공부를 하는 경우도 많다. 그런데 동화에서는 일하는 엄마가 그리 많지 않다. 전업주부라도 마찬가지다. 전업주부는 밥 먹고 할 일 없어서 아줌마들하고 싸돌아다니며 애들이나 들볶는 사람이 아니다.

특히나 여성 작가가 현실을 풍자한답시고 엄마를 머리 빈 속물로 설정해 놓고 마음껏 조롱하는 작품을 읽으면 실망과 분노를 넘어 깊은 슬픔을 느낀다. 우린 왜 스스로를 자랑스럽게 여기지 않는 걸까. 냄비 근성이라는 말이 있다. 바지저고리라고도 한다. 우리 민족을 비하하는 표현인데, 이는 일본인이 아니라 조선인의 입에서 나온 소리일 가능성이 높다. 조선인을 비하하면 자신이 일본인이 되기라도 하는 것처럼.

나는 경기도 일산에 사는 동안 『장수 만세!』를 썼다. 일산, 정확하게는 후곡 마을 학원가를 지나다니며 진심으로 공포를 느꼈다. 이러다 애들 다 잡겠구나 했다. 아이들을 그런 곳으로 밀어 넣는 어른들에게, 우리 사회에 치가 떨렸다. 작품을 구상하는 단계에서 혜수 엄마는 나에게 '사교육에 미친 여편네'였다.

그런데 막상 혜수네 이야기를 들여다보니 혜수 엄마를 그렇게 몰아붙일 수가 없었다. 혜수 엄마의 교육 방식을 반대하고 비판하지만, 그렇다고 그녀에게 모든 책임을 뒤집어씌울 수는 없었다. 그녀 역시 안타까운 사람이었다. 곰곰이 생각해 보면 이해가 갔다. 잘못된 방식이지만 그녀 나름의 진실이 있었다.

그러나 엄마의 진실이 곧 아이의 진실인 것은 물론 아니다. 자식에게 엄마나 아빠는 결국 부정하고 극복해야 할 대상이다. 마땅히 죽여 없애고 승리를 거두어야만 한다.

그것이 부친 살해 신화에 담긴 성장의 본질이다.

『코랄린』의 주인공 코랄린은 거울을 통해 '다른 엄마'를 만난다. 현실의 엄마는 일과 가정을 바삐 오가며 코랄린을 서운하게 하는데, 거울 속 엄마는 오로지 코랄린을 위해 존재한다. 코랄린은 그런 엄마, 원초적인 모성과 목숨을 건 대결을 벌인다. 물론 코랄린은 승리를 거두고 현실로 돌아온다. 성장의 모멘텀을 훌륭히 겪어 낸 것이다.

모성과의 대결을 다루고 싶다면, 좀 더 본질적인 질문을 던져야 한다. 고작 학습지나 학원으로 모성을 이야기할 작정인가? 이야기의 배포가 고작 그래서야, 차라리 뉴스가 낫지 않은가? 그래 놓고 눈물겨운 화해로 가족주의를 찬양하는 결말에 이르는 이야기는 대체 무슨 말을 하려는 걸까? 단지 엄마를 욕보이려는 걸까?

『마틸다』는 엄마와 아빠를 비롯한 속물적인 가족 전체를 신랄하게 비판한다. 나아가 혈연 중심의 가족 제도 자체를 부정한다. 사실 가족이란 아무런 계획도 합의도 고민도 없이, 우연하게 만난 조합이다. 말썽이 없을 수가 없다. 마틸다네는 그런 가족 제도의 모순과 한계의 극단에 있다. 로알드 달은 이에 대해 과격하고도 화통하며 놀라운 해답을 툭 던진다. 그따위 가족, 엎어 버려! 작품은 마틸다가 불합리한 가족과 결별하는 데 눈물 한 방울 흘리지 않는다. 이는 엄마에 대한 비하도, 아빠에 대한 비난도 아니다. 가족 제도로 상징되는 기존 질서를 뒤엎는 역발상이다. 그러게! 가족 뭐, 그거 뭐?

그런데 많은 동화에서 기껏 학원 다니느라 지친 얘기만 백만 번 되풀이하며 엄마를 비하하는 한편, (아빠가 아닌) 아버지는 대단한 권위를 가진 인물로 묘사하고 있다. 과묵하고 엄하지만 지혜롭고 올곧은 아버지, 아니 가부장. 아버지는 명분과 권위를 앞세워 아이는 물론 아이의 엄마에게도 자신의 뜻을 강요한다. 엄마처럼 학원 가라고 들들 볶는 게 아니다. 가부장의 요구는 뭔가 그럴싸해 보이는, 막 훌륭하고 막 정의롭고 막 고진감래할 것만 같은 어떤 일이다. 그런데 생각이 짧은 여자와 아이는 어리석게도 눈앞의 이익이나 제 한 몸만 챙기다가, 지혜로운 가부장의 인도로 깨달음에 이르러 회개하고 새 사람이 되는 것이다. 앗, 종교인가?

정말로 종교인 까닭인지, 동화 속에서는 부부 사이에 남편은 반말, 아내는 높임말을 쓰고는 한다. 현실에서는 동등한 말투를 쓰는 부부가 많을 텐데 말이다. 번역서에서도 아내만 남편에게 존대하는 경우가 많다. 심지어 일본어는 존대 표현이 확실한 언어인데도, 원서에서 부부가 동등한 말법을 쓰는데 굳이 한국어로는 아내가 존대하도록 번역해 놓은 경우도 있다. 이는 작가의 의도를 완전히 반대로 번역한 것이다.

설사 그 아버지의 판단이 옳다고 해도 다른 사람에게 가치관을 강요하는 것은 과연 정당한 행동일까? (난 반댈세.)

사실 옳은 일을 강요하는 아버지는 중세에 가까운 캐릭터다. 이를 현대의 전문 용어로 '꼰대'라고 하지, 아마. 그런데 많은 현대의 동화들이 여전히 아버지의 권위에 감동하고 순종하기 바쁘다.

이것은 건강한 성장 서사가 아니다. 아이가 잘못된 행동을 하다가 결국 지혜로운 아버지의 뜻에 진심으로 고개 숙인다? 이는 어린이의 성장을 근본적으로 억압하는 이야기다.

아이는 부모를 부정하고 극복하면서 자란다. 햇빛을 향해 자라나는 덩굴처럼, 자식은 안간힘을 다해 부모의 그늘과 반대 방향으로 자란다. 그래야 억세고 푸른 줄기로 자라날 것이다. 부모의 마음은 쓸쓸하지만, 이는 축하할 일이다. 아이는 건강하게 잘 자라고 있다.

『준비됐지?』의 주인공 지효는 동생 지민을 잃는 시련에도 신앙을 굳건히 지키는 아버지에 맞선다. 상투적이고 피상적인 대립이 아니다. 지효는 부모를 넘어서야 한다는 성장의 가장 본질적인 국면을 맞이한다.

『학교 영웅 전설』의 아이들은 영웅처럼 보이던 마 선생의 위선과 한계를 목도하며 아파하고 분노한다. 작품에서의 마 선생은 여러모로 '아버지'를 상징하는 인물인데, 아이들은 마 선생이 영웅이 아니라는 사실을 깨닫고 만다. 결말에서 아이들은 선생이라는 권위에 무릎 꿇고 벌을 받지만, 아이들의 정신은 더 이상 아버지에 순종하지 않게 되었다. 아이는 그렇게 자란다. 『학교 영웅 전설』의 아이들은 아버지를 부정하며 스스로 영웅이 되어 간다.

아이는 부모에게 맞서는 게 자연스럽고 옳고 건강하다. (아아, 괴롭다!) 동화는 그런 아이의 내면을 살피고 발견하고 드러내고, 나아가 응원해야 한다. "나 보기가 역겨워 가실 때에는 사뿐히 즈려밟고 가시"라고 박수를 쳐야 한다. 그것이 어른의 일이요, 동화의 일이다.

반려견 훈련사 강형욱 씨를 두고 누군가 이렇게 말했다. 강아지 입장에서 강형욱이라는 인간은 외계의 행성에서 답답하게 지내다 처음으로 만난 유창한 통역가라고.

동화도 어린이에게 그랬으면 좋겠다. 적어도 그러려고 노력해야 한다고 믿는다. 그러기 위해 어른을 깎아내리고 비난할 필요는 없다. 세상이 뭐라고 손가락질하건, 한심한 인간이건 나쁜 인간이건, 아이에게 부모는 거대한 존재다. 그 거대한 존재를 쓰러뜨리고 스스로 거대한 존재가 되어야 한다. 그런 부모를 한낱 속물로 깎아내린다면 아이의 투쟁마저 시시한 것이 된다. 그건 사실도 아니고, 옳지도 않다. 이야기의 재미로 보아도 그렇다. 언제까지 부모와 자식 간의 운명적인 대립을 고작 학원이나 학습지 타령으로만 이야기할 것인가?

『Story 시나리오 어떻게 쓸 것인가』의 저자 로버트 맥키는, 인물의 진정한 성격은 선택의 순간에 드러난다고 말한 바 있다. 인물이 했던 말, 일상적인 행동은 진정한 성격을 드러내지 못한다. 극적인 순간에 내리는 선택만이 인물의 진정한 면모를 드러낸다는 얘기다.

그렇다면 작가의 진정한 성격은, 작가가 진심으로 하고 싶은 말은 어디서 드러날까? 바로 인물들의 자리, 인물들의 역할이다.

요즘 세상에 여자들은 하나같이 속물이라고 대놓고 쓰는 사람은 없……진 않고, 그런 동화는 없다. 하지만 그렇게 적시하지 않을 뿐, 이야기로써 그런 말을 하고 있을 수 있다. 왕따를 당하는 애들은 우리가 놀아 주기만 해도 고마워할 거라고 대놓고 쓰는 사람은 없다. 그런데 이야기가 그런 말을 하고 있는 거다. 무심코, 혹은 남들이 하던 대로 갖다 쓴 설정이 장애아동을 대상화하고, 왕따의 피해자가 아니라 가해자를 위로하고, 엄마를 한심한 속물로 만들어 버린다. 무심코 던진 돌에 개구리와 함께 이야기도…… 망한다.

당신의 소중한 이야기에 함께할 사람들을 존중하기 바란다. 당신이 만들어 낸 사람들은 당신의 이야기를 만들어 갈 사람들이다. 세상 어디에도 주인공을 위한 도구가 되어도 좋은 사람은 없다.

그들과 함께 이야기를 만들어 간다. 누군가의 간절한 욕망에 대해, 그것을 가로막는 걸림돌에 대해, 그리하여 생겨난 사연에 대해. 아니, 사건에 대해.

6
{ 그러던 어느 날: 사건 }

가끔 그런 분들이 있다. '나한테 말이지, 소설책 열 권을 쓸 만한 사연이 있어…….' 네, 그러시겠지요. 그런데 이를 어쩌나. 열 권짜리 사연은 이야기가 될 수 없는데.

소설책 열 권짜리 사연은 제아무리 길다 해도 이야기의 프롤로그다. 이야기가 되려면 인물의 욕망이 걸림돌과 충돌하고 갈등을 일으키며 이야기가 시작될 조건이 형성되고 무르익어야 한다. 그러는 동안 인물은 자신이 뭘 욕망하는지, 무엇이 자신을 힘들게 하는지도 모르는 채 지낼 수 있다. 그러다 갈등을 인식하게 되어도 그냥 참기도 하고, 억지로 참게 되기도 하고…….

그때껏 갈등이 없었던 건 아니다. 주인공의 내면에서, 일상에서, 갈등은 소리 없이 고조되고 하강하기를 반복하면서 서서히 힘을 불려 왔다. 그러다 거의 임계점에 다다랐다. 말하자면 절벽에 걸린 흔들바위 같은 상황이다. 흔들흔들, 당장에라도 떨어질 것 같지만 저절로 떨어지지는 않는다. 누군가, 그러니까 한두 사람으로는 안 되고, 바위보다 강한 힘이 밀어야 한다.

그러던 어느 날.

주인공이 더는 일상에 머무를 수 없게 만드는 결정적인 일이 벌어진다. 이를 『Story 시나리오 어떻게 쓸 것인가』에서는 '도발적인 사건'이라고 부른다. 주인공의 일상을 급격하게 뒤흔드는 일이라는 뜻이다. 비로소 본격적인 사건이 시작된 것이다.

로미오와 줄리엣은 목숨처럼 서로를 사랑했으나, 집안이 원수지간이다. 그런 갈등 속에서 두 사람이 몰래 만나고 사랑하고 눈물짓고, 만나고 사랑하고 눈물짓고……를 계속 반복하기만 했다면, 사랑이 어떻게 변하냐고 울부짖는 것으로 끝났을지 모른다. 몰래 하는 사랑, 처음엔 짜릿할지 몰라도 갈수록 지치는 법이다. 비밀을 지켜 주던 유모도 지쳐 갔을 것이다.

다행히 둘의 사정이 안타까울수록 사랑은 커지고, 부담은 커지고, 들킬 위험도 커지고. 그렇게 갈등이 최고조로 치닫던 어느 날.

양 집안의 친족 간에 칼부림이 난다. 로미오가 줄리엣의 사촌 티볼트를 살해하고 베로나에서 추방당한다. 줄리엣은 다른 남자와의 결혼을 강요받는다. 더 이상 은밀한 만남으로 사랑을 지속할 수 없게 되었다. 이제 결단을 내려야 한다. 그냥 애태우는 게 아니라 구체적으로 뭔가 해야 한다. 집을 뛰쳐나가든가, 사랑을 끝내든가.

이것이 이야기의 중심 사건이다. 욕망과 걸림돌이 갈등을 고조시켜 가던 어느 날, 주인공은 더 이상 피할 수 없는 선택의 기로에 놓인다. 욕망을 포기하든가, 걸림돌과 맞서 싸우든가. 갈등이 구체적인 형태로 드러나며 사건을 만들어 간다.

『플레이 볼』의 주인공 동구는 야구를 잘하고 싶다. 승리의 주역으로 팀도 자신도 빛나고 싶다. 그렇게 중학 야구부로, 고교 야구부로 올라가 마침내 롯데자이언츠 선수가 되고 싶다. 그런데 현실이 녹록지 않다. 사실 동구가 태어나면서부터 갈등이 시작되었다. 프로 야구의 전설 최동원의 '동원' 대신 느닷없이 '동구'라는 이름을 갖게 되었으니. 다른 애들은 아빠의 든든한 지원을 받고 있는데, 이혼 후 따로 사는 동구 아빠는 야구에 무관심하다. 엄마의 열렬한 응원이 두 몫을 하고도 남지만, 아빠의 무관심이 동구는 못내 서운하다. 동구는 몰랐지만, 동생 민구에게도 심각한 문제가 있었다. 무엇보다 동구의 바람만큼 야구가 잘되지 않는다. 팀은 만년 예선 탈락이다. 바로 위 선배들의 갑갑한 상황은 동구에게도 남 일이 아니다.

이렇듯 동구의 발아래에서 갈등이 무럭무럭 자라나고 있었다. 동구도 불리한 상황을 모르지 않았다. 그래도 동구는 공만 보고 달렸다. 노력은 배신하지 않는다나 뭐라나, 그렇게 믿기만 하면 될 줄 알았다. 그렇게 믿고 싶었다. 그러던 어느 날.

대단한 재능을 가진 영민이 야구부에 들어온다. 천재가 현실로 나타나 빙글빙글 웃는 얼굴로 동구에게 묻는다. 너, 정말 야구 잘해?

마침내 갈등이 극적으로 모습을 드러낸 것이다. 이제부터 시작이다. 영민은 동구의 자리를 조금씩 잠식해 들어온다. 동구는 궁지에 몰린다. 동생 민구에게 도벽이 있다는 사실도 드러난다. 그것도 동구 때문이란다. 아빠는 현실적인 수치를 들이대며 동구에게 묻는다. 너, 정말 야구 잘해? 믿고 있던 푸른마저 동구에게 묻는다. 너, 정말 야구 잘하냐고, 응?

폭탄이 정체를 드러냈다. 야구부를 그만두느냐, 마느냐. 타이머도 작동되기 시작했다. 전국소년체전 본선 진출. 동구는 일어나서 달려야 한다. 절정에 이르면 운명을 건 선택을 해야 한다. 빨간선을 자를까, 파란선을 자를까? 야구부를 그만둘 것인가, 계속할 것인가?

『대장간 골목』의 주인공 프란티크는 가난하지만 인자하고 지혜로운 할아버지와 함께 사는 씩씩한 어린이다. 보찬 씨의 잡화점에서 소소한 용돈벌이도 하는데, 문제는 보찬 씨가 비열한 악당이라는 점이다. 보찬 씨는 가난한 동네 사람들을 업신여기며 함부로 대한다. 가난한 이웃과 행복하게 살고 싶은 욕망을 가진 정의로운 프란티크는 그런 상황이 전부터 마음에 들지 않았다. 외상도 주는 잡화점이라는 절대적인 권력을 가진 보찬 씨의 횡포는 자심하다. 보찬 씨가 잡화점으로 마을 사람들의 돈을 갈취하듯 벌어들여 부유해질수록 프란티크의 마음속 갈등은 점점 커져 간다. 그러던 어느 날.

프란티크는 결정적인 사실을 목격한다. 보찬 씨의 녹색 외상 장부에 비리가 있는 것이다. 보찬 씨는 외상 금액을 조금씩 부풀려 적고, 마을 사람들은 그 사실을 알아도 제대로 항의하지 못한다. 보찬 씨의 비위를 거슬렀다간 외상으로 물건을 사지 못할까 봐 겁을 내는 까닭이다. 그런데 바로 그 장부가 프란티크의 눈앞에 있다.

프란티크는 움직이지 않을 수 없게 되었다. 결국 프란티크는 녹색 장부를 없애 버리기로 마음먹고 몰래 훔쳐 잠시 딴 곳에 숨겨 둔다. 그런데 뜻밖의 상황이 벌어진다. 녹색 장부가 어디론가 사라진 것이다. 너무도 형체가 뚜렷한 폭탄이다. 타이머도 작동되기 시작했다.

「라면 한 줄」의 '라면 한 줄'은 라면 가게 근처에 사는 소심한 시궁쥐다. 끼니를 때우기에 라면 한 줄이면 충분하다는 소박한 가훈 아래 모험 따위 꿈도 꾸지 않는다. 아니, 꿈도 꾸지 않은 건 아니다. 라면 한 줄은 가훈에 따라 라면 가게 너머까지 모험을 하지는 않지만, 엄마에게 삼겹살에 대해 묻는다. 엄마가 들려주는 삼겹살에 대한 군침 도는 묘사는 라면 한 줄의 가슴에 깊은 인상을 남긴다. 라면 한 줄의 욕망은 삼겹살, 그러니까 모험을 무릅쓰고 쟁취하는 천상의 기쁨일 테고, 그것을 가로막는 걸림돌은 라면 한 줄로 만족해야 하는 현실이겠다.

그러던 어느 날, 라면 한 줄은 실수로 전설적인 모험에 나서게 된다. 고양이 목에 방울 달기! 그야말로 실수였다.

과연 그것은 단지 실수일까? 현실에서는 실수로 그렇게 될 수도 있지만, 이야기에서는 다르다. 라면 한 줄이 그 자리에 나선 것이 외면적으로는 우연한 실수라 해도, 그 내면에서는 필연적인 전개다. 라면 한 줄은 오래전부터 삼겹살에 대한 욕망을 품어 왔다. 삼겹살로 향하는 모험을 꿈꾸어 왔다. 그런 욕망을 품고 있었지만, 용기도 없고 힘도 없었다. 그런데 와락, 우연처럼 보이는 사건이 모험으로 등을 떠밀어 준 것이다.

만약 라면 한 줄이 정말로 모험에 아무런 관심이 없는 인물이라면? 그래서는 사건을 끌고 갈 수가 없다. 그건 모험이 아니라 불운이고 고난이다. 드러나는 사건이 우연해 보일지라도, 인물의 내면과 조건은 이미 필연성을 갖추고 있어야 한다. 라면 한 줄이 맞닥뜨린 폭탄, 타이머는 '고양이 목에 방울을 다는 순간'에 맞춰져 있다.

「학교에 간 사자」의 베티 스몰은 학교에 가는 길에 우연히 사자를 만난다. 아니! 우연이 아니다. 작품의 후반에 드러나는데, 그동안 베티 스몰은 잭 톨이라는 남자아이의 위

압적인 태도에 지쳐 가고 있었다. 아침마다 등굣길이 고역이었을지 모른다. 아아, 나에게 잭 톨을 혼내 줄 힘이 있다면! 그래서 사자가 나타나 준 것이다. 폭탄 등장, 타이머가 작동된다. 사자가 자그마한 여자아이와 함께 학교에 갔다. 이것 자체가 폭탄 같은 사건이다. 학교에서 대체 어떤 일이 벌어질까?

물론 등굣길에 사자를 만나 같이 학교에 가는 건 현실적이지도 과학적이지도 않다. 그렇지만 이야기 속에서 베티 스몰에게 사자가 나타난 것은 지극히 필연적이다. 심리적 개연성이 확보되었기 때문이다. 우리의 베티 스몰에게 힘이 되어 줄 사자가 나타나는 데 반대할 사람? 나는 찬성이다. 대부분 찬성할 테고, 만약 반대하는 기분이 든다면…… 전문가의 도움이 필요할지도. 필리파 피어스는 여러모로 대가지만, 심리적 개연성을 그리는 데도 더할 나위 없이 탁월하다.

이렇게 주인공의 욕망이 걸림돌을 만나 갈등을 겪던 어느 날, 주인공을 움직이게 하는 도발적인 사건이 벌어지며 이야기가 본격적으로 시작된다. 폭탄이 정체를 드러내고 타이머가 작동되기 시작한다. 주인공을 당장 움직이게 하는 폭탄이어야 하고, 이야기의 크기에 맞는 타이머여야 한다.

「학교에 간 사자」는 단편동화니까 학교에서의 하루에 타이머가 맞춰져 있고, 대하소설 『토지』는 웅대한 내용에

걸맞게 식민에서 해방까지로 타이머가 맞춰져 있다.

이제 독자는 인물의 당면한 문제를 구체적으로 이해하게 되었다. 해결까지 주어진 시간/공간/조건도 정해져 있다. 초침 소리가 다급하게 울리는 가운데 독자도 인물도 단 하나의 질문에 집중할 수 있게 된 것이다.

로미오와 줄리엣은 함께할 수 있을 것인가?

동구는 야구를 계속할 수 있을 것인가?

보찬 씨의 녹색 장부는 어디로 갔을까?

라면 한 줄은 고양이 목에 방울을 달 수 있을 것인가?

이렇게 이야기를 일관되게 끌고 갈 극적 질문에 따라 주인공을 계속 궁지에 몰아야 한다. 주인공의 선택지를 조금씩 좁혀 나가야 한다.

『나는 비단길로 간다』의 이야기가 시작되려면 부유한 상단의 딸 홍라가 중국으로 비단 장사를 하러 가야 했다. 나는 그 조건을 만들기 위해 가장 먼저 풍랑에 상선이 뒤집혀 홍라의 엄마가 실종되도록 했다. 홍라는 본의 아니게 상단의 주인이 되었다. 그렇다고 제멋대로 자란 공주님이 순순히 험로에 나설 리가 없다. 나는 다음으로 상단을 빚더미에 올렸다. 빚쟁이가 상단으로 찾아와 빚 독촉을 해 댔다. 그걸로도 부족했다. 부자는 망해도 삼대는 간다고, 홍라가 재산을 팔아서 빚을 청산하는 방법도 있다. 나는 결국 관의 힘을 빌렸다. 상단은 왕실에 비단을 바치기로 하였다. 그것도 왕의 혼례식에! 지키지 못하면 홍라는 노예로 팔려 가야 할 처지다. 이제는 다른 방법이 없다. 머뭇댈 시간도 없다. 홍라는 곧장 장삿길에 나선다. 그 길에서 홍라는 어려서 헤어진 아버지도 만나고, 우정도 얻는다. 장사의 재미를 느끼기도 한다. 그렇지만 핵심 질문은 하나다. 홍라는 왕의 혼례식까지 비단을 사 올 수 있을 것인가?

『마법의 설탕 두 조각』의 주인공은 부모에게 불만이 많다. 이 부분에 대해서는 새삼 개연성이나 구체성을 강화할 필요도 없다. 어린이들은 본래 부모에게 불만이 많은 법이다. 부글부글부글부글, 주인공 렝켄의 불만이 머리 꼭대기까지 차오른 어느 날 우연히(를 가장한 필연에 따라) 요정을 만나 엄마 아빠를 작게 만드는 '마법의 설탕'을 손에 넣는다. 설탕을 먹은 엄마 아빠는 작아지기 시작하고, 이야기는 극적 질문을 얻는다. 마법의 설탕은 어떤 결과를 가져올 것인가?

결과적으로 아이는 패배했다. 아이는 백기를 들고 해독 설탕을 구해서 부모를, 부모의 권위를 되돌려 놓는다. 1 대 0. 하지만 이것은 한 번의 전투일 뿐, 엄마 아빠에게 마법의 설탕을 몰래 먹이는 발칙한 아이는 앞으로 또 도전할 것이다. 그리고 끝내 승리할 것이다.

극적 질문이 인물의 운명을 완전히 결정짓는 것이어야 할 필요는 없다. 우리네 인생에 어디 마침표가 있던가.

「검은 고양이」의 작가 에드거 앨런 포는 단편소설에 대해 다섯 가지 원칙을 제시한 바 있다. 짧은 분량, 압축성,

현실성, 인상적인 결말 그리고 단일성이다. 단일성이란 시작부터 끝까지 사건이나 행위가 일관성 있게 진행되어야 한다는 뜻이다. 즉 단일한 극적 질문으로 전개되어야 한다. 이는 단편만이 아니라 이야기 전반에 걸쳐 새겨야 할 원칙이다.

그토록 방대한 『반지의 제왕』도 작품을 관통하는 극적 질문은 단일하다. 많은 인물이 저마다의 욕망으로 원정에 뛰어들고, 저마다의 걸림돌에 부딪힌다. 저마다의 갈등에 빠져 저마다의 극적 질문을 품고 있다. 그것들은 곁가지로 뻗어 나간 이야기일 뿐, 『반지의 제왕』이라는 대서사시의 중심이 되는 극적 질문은 하나다. 프로도는 절대반지를 없앨 수 있을까?

『토지』도 마찬가지다. 그 많은 인물의 절절한 사연과 극적인 사건이 엇갈리는 가운데 작품은 시종 단일한 극적 질문을 견지하고 있다. 잃어버린 그날을 되찾을 수 있을까?

사연을 구구절절 늘어놓는다고 이야기가 되는 건 아니다. 욕망과 걸림돌의 갈등이 클수록 극적인 이야기가 되는 것도 아니다. 그것은 이야기의 기초 공사, 노둣돌이다. 이야기는 그로부터 생겨난 구체적인 사건이다. 갈등이 시작되고 고조되고 마침내 도발적인 사건으로 인해 갈등은 형체를 드러낸다. 학교 가는 길에 사자를 만나든, 천재의 등장으로 압박을 느끼든, 절대반지를 떠맡아 길을 떠나든, 부엉이에게 입학 허가서를 받든.

당신은 누구의 이야기를 하려는가? 그 인물은 무엇을 욕망하고 무엇에 좌절하는가? 그러한 갈등을 밖으로 터트리는 폭탄의 정체는 무엇인가? 그렇다면 이제 그 이야기를 어떻게 들려줄 계획인가?

7
{ 어떻게 말하면 좋을까: 스토리와 플롯 }

그리하여 하나의 극적 질문을 가진 이야기의 틀이 완성되었다(고 치자). 누가, 언제, 어디서, 왜, 무엇을 했다는. 『꼬마 너구리 삼총사』는 꼬마 너구리 삼총사가, 사과가 익는 계절에, 흰코 아저씨한테 놀라운 이야기를 듣고, 주먹만 한 꿀사과를 찾아서, 남쪽 산 너머 모랑모랑 마을까지 모험을 하는 이야기다. 꼬마 너구리 삼총사에게 일어난 일을 간략하게 정리하면 이렇다.

그런데 어떻게?

우리는 연속된 시간을 살고 있다. 시간이 멈춘 것 같은 때도 있고, 눈 깜빡할 사이에 흘러갈 때도 있지만, 그런 기분과는 무관하게 우리의 시간은 쉼 없이, 일정하게 흘러간다. 시간을 떠가는 동안 여러 가지 일이 일어난다. 우리가 의지로 하는 일도 있고, 의지와 무관하게 하고 마는 일도 있다. 그런 일이 있는 줄도 모르게 일어나기도 하고, 오래 전부터 기다리던 일이 일어나기도 한다. 그러는 동안 수없 는 인물과 스쳐 지난다. 나 자신과 떼려야 뗄 수 없는 사람 부터 스쳤는지 어떤지도 모르는 타인까지.

그러던 어느 날 모처럼 만난 친구가 물었다. 요즘 어떻게 지내?

'응. 그럭저럭 잘 지내'라는 말 이상을 하지 않는 사이라 면 간단하다. 그렇지만 진심을 나눌 수 있는 사이라면 오 히려 잠시 고민에 빠지게 된다. 대충 대답하자면 쉬운 질 문인데 제대로 소통을 하려 들면 질문의 범위가 너무 넓 다. 어떤 대답을 할 것인지는 나한테 달려 있다. 우선 상대 와 상황을 고려하고, 그때의 나에게 가장 중요한 일을 중 심으로 이야기를 엮을 것이다. 이 일 저 일, 닥치는 대로 줄줄 말해서는 정작 하고 싶은 이야기가 전해지지 않는다. 하고 싶은 하나의 이야기라 하더라도, 관련하여 일어난 일 모두를 말할 필요는 없다.

친구에게 들려주고 싶은 이야기가 당신의 새로운 연애 라고 하자. 물론 당신에게는 매 순간이 의미 깊겠지만, 우 리가 당해 봐서 알지 않는가. 연애담의 가장 큰 특징은 당 사자만 재미있다는 사실. 그러니 상대를 고려하여 연애담 을 들려줄 작정이라면, 그 연애의 특징적인 면모 한 가지 에 집중해야 한다. 이를테면 그동안 수십 번 연애만 하던 독신주의자가 이번엔 결혼을 결심했다면? 핵심은 그전의 연애와 어떻게 다른가 하는 점이다. 혹은 아슬아슬 불안불안 몰래 하는 사랑 중이라면? 우리 이대로 사랑하게 해 주세요, 하는 하소연이 되기 쉽다. 혹은 듣는 친구도 잘 아는 동창 모모와 열애 중인데, 친구가 극렬히 비난하고 반대할 게 빤하다면? 스무고개 하듯 연애 상대를 추리하게 만듦으로써 친구의 관심을 엉뚱한 데로 돌려놓을 수도 있다.

이것이 '어떻게'다. '플롯'이다.

『꼬마 너구리 삼총사』에서 꼬마 너구리들의 욕망은 '삼총사가 똘똘 뭉쳐 꿀사과를 찾는 것'이고, 걸림돌은 간단히 말해 그것을 제대로 '모른다는 사실'이다. 꿀사과가 자란다는 모랑모랑 마을이 어디에 있는지, 어떻게 가야 하는지 모른다. 그럼에도 꼬마 너구리들은 오로지 자신들의 우정을 믿고 길을 나서 우여곡절 끝에 사과를 찾지만 그건 그저 평범한 사과였다. 그래도 괜찮다. 삼총사는 꿀사과보다 더 달콤한 우정을 확인했다. 이야기는 표면상 사과 찾기지만, 숨은 뜻은 우정 찾기다. 꼬마 너구리들의 진짜 욕망은 '사과를 찾아가며 더욱 굳건해지는 우정'이고, 걸림돌은 '그 우정을 훼방하는 것들'이다. 그러면 이 이야기를 어떻게 전하면 좋을까? 사과나무까지 가는 도중에 겪는 모든 일을 다 끄집어내면 안 된다. 세 친구의 우정을 훼방하는 요소들만 딱딱 집어내면 된다. 꼼꼼한 잔소리쟁이 꼼꼼 씨, 말 많은 잘난 척쟁이 줄줄 씨가 차례로 등장해 아무런 도움도 주지 않고 오히려 김새는 소리만 늘어놓는다.

끝으로 가장 심술궂은 뱀 홍 씨가 대놓고 이간질을 벌인다. 꼬마 너구리들의 우정은 시험대에 놓인다. 그러나 삼총사는 그동안의 즐거운 추억에 힘입어 홍 씨의 이간질을 물리치고 (꿀사과는 아니지만) 사과를 나눠 먹으며 행복한 우정 여행을 마무리한다.

『꼬마 너구리 삼총사』는 이른바 저학년동화의 교본으로 삼을 만하다. 주제와 소재, 인물, 문체와 구조가 정삼각형처럼 안정되어 있다. 스토리를 일관된 흐름에 따라 요령 있게 전하고 있다. 간결하고 뚜렷한 플롯이 효과적으로 작동하고 있다.

스토리가 '일어난 일'이라면, 플롯은 '일어난 일을 작가가 들려주는 방식'이다. 플롯은 단순한 이야기를 서사로 만들어 준다.

영화 『퍼펙트 게임』은 성공한 스포츠 서사다. 최동원과 선동열이라는 야구 선수들의 강렬한 존재감이 흡입력 있는 플롯으로 탄탄하게 전개된다. 실제 최동원 선수와 선동열 선수에게는 전설이 되기까지 저마다의 절절한 사연이 있을 것이다. 나이 차는 있지만 공교롭게 한 시대를 살아간 스포츠 영웅들 사이의 사연 또한 특별할 것이다. 실제로 『퍼펙트 게임』을 능가하는 극적이고 감동적이며 충격적인 일들이 있었는지도 모른다. 그렇다 한들, 아무런 원칙 없이 흩어져 있는 사연은 이야기로서 아무런 의미가 없다.

『퍼펙트 게임』은 두 선수의 이야기를 '라이벌 대결'의 플롯으로 엮었다. 안경 낀 에이스와 천방지축 에이스. 영화는 라이벌의 의미를 층층이 쌓아 나간다. 지는 달과 뜨는 달, 영남과 호남. 그리고 마침내, 진정한 대결은 야구를 사랑하는 사람들과 야구를 정치적으로 이용하려는 자들 사이에 있었다는 감동적이고 교훈적인 결말에 이른다. 두 선수에게 있었던 일을 줄줄 읊는 게 아니라 영화의 의도에 맞도록 라이벌이라는 측면이 드러나는 사건만 선별해서 유기적으로 배치하였다. 그리하여 관객은 '누가 진정한 승자인가'라는 극적인 질문에 몰입하게 된다.

플롯은 사건을 배열하는 일정한 원칙이다.

옛이야기 '해와 달이 된 오누이'는 본격적인 사건, 그러니까 호랑이가 정체를 드러낸 뒤 일정한 원칙에 따라 전개된다. 오누이가 수수께끼를 내고, 호랑이가 푸는 식이다. 제주도 무가 원천강본풀이의 '오늘이'는 이승에서 출발하여 저승에 가서 소망을 이루고 다시 이승으로 돌아오는 구조로 되어 있고, 그 여정은 조력자들을 차례로 만나는 것으로 이루어져 있다. 『서찰을 전하는 아이』의 주인공 아이는 서찰에 담긴 뜻 모를 글자의 비밀을 하나씩 풀면서 절정을 향해 나아간다. 『셜록 홈스』 같은 추리물의 일반적인 원칙은 '사건이 일어난다 – 용의자가 압축된다 – 용의자 등을 탐문한다 – 범인을 잡는다'이다. 그와 달리 미야베 미유키의 『이유』는 기존의 추리물과는 전혀 다르게 굉장히 독특하고 강렬한 플롯에 따라 전개된다. 일가족 살인 사건이 벌어진 뒤, 기자와 같은 입장을 견지하는 화자가 사건의 주변인을 차례로 만난다. 마치 인터뷰에 기반을 둔 르포 기사 같다. 그렇게 살인 현장에서부터 시작해서 동심원을 그리듯 관련자들이 차례로 소환되고 마침내 진실이 실체를 드러낸다. 이 작품의 플롯은 흥미진진할뿐더러, 부동산 버블로 조장된 욕망으로 인해 일어난 사회적 비극이라는 작품의 주제와도 깊이 연관되어 있다.

스티븐 킹은 『유혹하는 글쓰기』에서 자신은 플롯에 신경을 쓴 경우가 거의 없다면서, 플롯 무용론에 가까운 주장을 펼치기도 한다. 일단 스티븐 킹이라면 마땅히 그럴 수 있을 테고(너무나 잘 쓰십니다), 비非스티븐 킹들도 물론 그럴 수 있다. 월급도 퇴직금도 사대보험 지원도 없는 작가가 유일하게 가진 건 저작권이다. 내키는 대로 하셔도 된다는 뜻. 물론, 그 결과도 온전히 스스로 책임져야 한다는 뜻.

나는 오래전부터 '데이트 성폭력'을 소재로 한 청소년소설을 쓰고 싶었다. 인물과 스토리는 진작 나왔다. 그런데도 이야기를 시작할 수가 없었다. '어떻게' 이야기해야 할지 종잡을 수 없었다. 그저 막막했다.

그런데 책상에 앉아 에픽하이의 노래를 듣다가 문득. 아니, '문득'이라는 말은 사실 맞지 않다. 나는 몇 년 동안 그 이야기를 마음속에 담아 두고 이따금 꺼내 보았다. 그리고 나는 본디 엉덩이가 무거운지라 그날 저녁에도 책상에 앉아서 책 보다 음악 듣다 딴생각하다 우연히(처럼 보이는 필연적인 결과로) 에픽하이의 노래가 귀에 꽂혔다. 이어폰으로 노래를 듣자니 이제 막 연애를 시작한 여자 친구의 전화를 애타게 기다리는 소년이 떠올랐다. 그 소년이 바로 데이트 성폭력의 가해자일 것 같았다.

그러자 어떻게 얘기하면 좋을지 알 수 있었고, 그렇게 「빨간 신호등」이라는 작품을 쓸 수 있었다. 나는 첫사랑에 빠진 소년 종원의 모습을 그리면서 데이트 성폭력의 진상을 드러내기로 했다. 에픽하이를 듣던 소년 종원은 돌연 연락이 끊긴 여자 친구 시연 때문에 애를 태운다. 도무지 이유를 알 수가 없어 애를 태우다, 화를 내다, 걱정을 하다, 급기야 의심을 하는 단계에 이르러 종원은 시연의 이야기를 듣게 된다. 종원이 시연에게 (실제적으로, 심리적으로) 다가가는 과정을 플롯으로 삼은 것이다.

『오, 나의 남자들!』은 전문계 고등학교에 다니는 나금영과 친구들의 이야기다. 이 책을 낼 무렵 출간된 청소년소설들이 대입을 준비하는 인문계 학생 이야기에 쏠려 있는 것 같아서 나는 의도적으로 전문계고에 다니는 청소년 이야기를 쓰기로 했다. 하지만 일상 중심의 이야기다 보니 평이하게 써서는 긴장감이 떨어질 것 같았다. 그래서 고민 끝에 찾아낸 플롯이 '금영의 남자들'이었다. 『오, 나의 남자들!』은 나금영의 인생에 직간접적으로 영향을 준 열 명의 남자를 차례로 호출하며 이야기를 전개한다. 그들은 전두환으로 시작하여 아빠와 오빠와 담임교사와 변태와 친구 등을 거쳐 강동원으로 마무리된다. 완벽한 플롯(진심입니다)에 아름다운 결말(진정코 그렇습니다)이다.

단편동화집 『오늘의 날씨는』에 실린 「햇빛 쏟아지는 날」은 앞서 출간된 『짜장면 불어요!』의 일부였다. 다른 단편들과 같이 원고 공모에 당선되었는데, 작품집 전체 분량이 너무 많다고 해서 이 단편 하나를 빼고 출간했다. 사실 좀 더 이야기를 이어 가고 싶은 작품이었던 터라, 나로서는 잘된 일이었다.

『오늘의 날씨는』은 한 동네에 사는 서로 다른 네 아이의 이야기를 그린 단편집이다. 그 의미를 드러내는 플롯으로 사계절을 잡았다. 「햇빛 쏟아지는 날」은 가을의 어떤 날이다. 그리고 이어지는 이야기는 '첫눈 내리는 날', 그러니까 겨울의 어떤 날이다. 그다음은 봄 그리고 여름의 어떤 날. 첫 작품 「햇빛 쏟아지는 날」처럼, 이어지는 작품에서도 각 계절의 특징과 어울리는 하나의 사건, 하루의 사건을 담았다.

이렇게 플롯을 설정하고 시작한다는 건, 내비게이션에 목적지를 찍고 출발하는 것과 같다. 반대로 플롯도 없이 출발한다는 건, 막연한 감으로 일단 가 보겠다는 거다. 처음 가는 길이라면 어떤 쪽을 선택하겠는가? 감이 딱 왔다고 으스대며 내비게이션을 거부하는 운전자들의 말로를 생각해 보길. 어? 기사님, 여기가 아닌 것 같은데…….
어? 여긴 아까 지나왔던 길인데……. 아니 근데 왜 자꾸
화를 내세요? 앗! 일방통행이에요!

다만 작가의 성향에 따라, 작품의 성격에 따라, 플롯의
역할에 차이가 있을 순 있다. 하지만 플롯이 전혀 없는 작
품은 존재하지 않는다. 플롯이 두드러진 작품과 그렇지 않
은 작품 또는 독특한 플롯과 전형적인 플롯이 있을 따름
이다.

질 페이턴 월시의 『패티의 초록 책』은 전형적인 플롯의
작품이다. 시간의 순서에 따르되, 인과 관계에 따라 사건
을 순차적으로 배열했다. 의미 있는 사건만 선별하여 인
과로 엮어 가는 것이다. 『홍길동전』도 그렇다. 길동은 호
부호형할 수 없는 처지이나 아버지의 사랑을 받고 있다─
곡산댁이 시기심에 자객 특재를 보내 홍길동을 죽이려 한
다─홍길동은 가출한다……. 이와 같이 사건이 일어난 순
서에 따르고 있지만, 그렇다고 모든 일을 빠짐없이 적거나
아무 일이나 줄줄 쓰는 건 아니다. 앞뒤의 사건이 인과에
따라 연결되어 있다.

이것이 바로 플롯이다.

이야기의 인물에게도 시간이 흐르고, 시간에 따라 인물
이 여러 가지 일을 일으키기도, 인물에게 여러 일이 일어
나기도 한다. 그런 인물의 근황에 대해 구체적인 질문을
던져야 한다. 이를테면 서찰을 전하는 아이에게는 '그 편

지를 어떻게 전할 거야?', 해와 달이 된 오누이에게는 '호랑이를 어떻게 따돌릴 거야?', 오늘이에게는 '저승에 어떻게 찾아갈 거야?', 패티와 지구인들에게는 '낯선 행성에서 어떻게 살아남을 거야?'. 그리고 각각의 질문에 대한 해답의 실마리가 되어 줄 사건들(만)을 일정한 원칙에 따라 배열하는 거다. 관계없는 장면은 과감히 생략하고, 의미심장한 장면은 강조한다. 극적 질문과 관련 있는 장면을 일관된 원칙에 따라 구성하고 전개한다.

『빛돌의 전설』은 현실과 게임 속을 오가며 전개되는 이야기로, 일반적인 게임의 규칙에 따르는 플롯이다. 아이들은 게임 세상에서 게임 속 캐릭터처럼 전투를 수행해 나가고, 이는 현실에 일정한 영향을 미친다. 독특한 플롯이 두드러진 작품이다.

『사토루의 2분』의 사토루는 고양이의 목소리를 듣고 이상한 세계에 다녀온다. 이렇게 큰 액자를 두고 그 안에서 전개되는 이야기는 서구 기사담의 플롯을 변주하며 용에게로 한 걸음 한 걸음 나아간다. 오래된 플롯을 새롭게 해석하여 변주한 것인데, 익숙한 플롯이라 안정적이고, 변주라 흥미롭다. 이중의 효과를 거둘 수 있다. 고전을 재구성하는 기쁨이자 의미다.

『오월의 달리기』의 명수는 전남 대표로 전국소년체전에 나가기 위해 합숙 훈련에 돌입한다. 작품은 선수단에서 일어난 사건을 시간의 순서에 따라 인과적으로 보여 주는데,

이렇게만 보면 평이한 플롯이다. 하지만 플롯의 목적지가 예사롭지 않다. 1980년 5월 18일 광주. 『오월의 달리기』는 시간의 흐름 자체가 갈등의 고조이자 파국의 예고다. 소년체전이라는 희망찬 개인의 사건이 광주항쟁이라는 역사적인 비극으로 끌려들어 간다. 광주항쟁이라는 역사적 사건을 그리기에 효과적인 플롯이다. 서사를 탄탄하게 구축하며 의미를 강화하는 좋은 플롯이다.

『제프가 집에 돌아왔을 때』의 주인공 제프는 야구부에서 투수를 맡고 있는 열네 살 소년이다. 그런데 시합을 앞둔 어느 날, 정체불명의 남자에게 납치당한다. 그 후 2년여 동안 지속적으로 성폭행을 당하며 감금 상태로 지낸다. 그런데 남자가 돌연 제프를 집으로 돌려보낸다. 그는 제프가 자신을 고발할 수 없다고 확신했고, 제프는 남자의 예상대로 사건의 진상에 대해 입을 다문다. 남자에게 성폭행을 당해 왔다는 사실을 인정하느니 차라리 남자의 죄상을 덮고만 싶다. 가족과 친구들에게도 마음의 문을 닫아건다. 경찰의 수사에도 협조하지 않는다. 그러다가…….

이렇게 순차적으로 전개하기만 해도 흡입력 있는 이야기인데, 작가는 스토리를 플롯에 따라 재구성했다. 충격적인 납치로 시작해 놓고, 정작 납치되어 있는 2년여의 시간을 통째로 건너뛴다. 그리고 제프가 집에 돌아오는 것으로 본격적인 이야기를 시작한다. 독자는 작가가 말해 주지 않은 2년여의 시간 동안 제프에게 일어난 일을 짐작하지만,

확신할 수는 없다. 그래서 제프의 가족처럼 불안하고 안타까운 마음으로 제프를 맞이하고 제프의 마음을 알아 가게 된다. 기본적으로 제프의 내면의 변화에 따른 플롯이지만, 거기에 사건의 미스터리를 밝히는 플롯이 겹쳐 있다. 이러한 플롯은 작품의 주제를 드러내는 장치이기도 하다. 이 작품은 미스터리도 스릴러도 아닌 제프의 성장 드라마다.

『웨이싸이드 학교 별난 아이들』처럼 시공간 자체가 플롯을 드러낼 수도 있다. 1층 건물에 교실 서른 개를 지으려고 했는데, 뜻밖에 위로 쌓아 올려 버렸다. 무려 교실 하나씩 차곡차곡 쌓아 30층! 이야기는 30층에서 생활하는 서른 명의 이야기를 하나씩 들려준다.

이러한 플롯을 이론적으로 유형화하기도 한다. 가장 단순하게는 내적 플롯과 외적 플롯으로 나누는데, 이는 인물의 내면의 흐름에 따른 전개인가, 행동에 따른 전개인가에 따른 것이다. 일반적으로 동화는 외적 플롯을 따르는 경우가 많은데, 그편이 어린이 독자와 소통하기 쉽다. 어린이의 속성 자체가 외적인 플롯을 가졌다고도 할 수 있겠다.

로버트 맥키는 『Story 시나리오 어떻게 쓸 것인가』에서 플롯을 '아크 플롯', '미니 플롯', '안티 플롯'으로 나누었다. 이는 달리 말하면 고전적인 전개, 열린 결말, 부조리한 전개라고 할 수 있겠다. 로널드 B. 토비아스의 『인간의 마음을 사로잡는 스무 가지 플롯』에서는 제목대로 플롯을 스무 가지로 유형화한다. 그 밖에 플롯에 대한 다양한 입장과 이론이 있는데, 그것을 일일이 외우거나 분석할 필요는 없지만 정보 삼아 한번쯤 보아 두는 것도 좋다.

중요한 것은 자신의 플롯에 대한 이해다. 지금 하는 이야기가 어떤 플롯을 가졌는지, 즉 어떤 원칙으로 사건을 엮을 것인지 확고하게 정하고 일관되게 밀고 나가야 한다.

그런 작전도 없이 무턱대고 떠오르는 대로 이야기를 쓴다면…… 처음으로 돌아가는 수밖에. 스텝이 엉키면 뭐다? 몸부림!

8
{ 탈탈 털면 나오는 것들: 설정 }

여기까지 잘해 왔다면, 그러니까 뚜렷한 욕망을 가진 주동인물에 인물과 갈등을 빚는 걸림돌의 정체가 뚜렷하고 타이머도 적당하게 설정되어 있다면, 누가, 언제, 어디서, 왜, 무엇을, 어떻게, 즉 육하원칙에 따라 설명하기에 부족함이 없는 이야기다(아닐 수도 있어요). 재미와 의미를 배가시킬 플롯도 찾아 두었다(착각일 수 있어요). 목적지도 분명하고, 최신형 내비게이션에 목적지도 입력해 두었다(진정합시다). 힘차게 박동하는 심장 소리를 느끼며 부릉, 시동을 걸었다(이것만은 믿습니다).

그런데도 앞으로 나가지 못하는 경우가 있다. 많다. 흔하다.

'빨간 머리 앤'이라는 이야기를 구상했다고 생각해 보자. 앤의 욕망은 특별한 사람이 되고 싶다는 것, 걸림돌은 자신의 현실이다. "주근깨 빼빼 마른 빨간 머리 앤, 예쁘지는 않"은 데다 고아 소녀다. 기껏 입양되었는데 자기를 입양한 사람들이 청교도적인 엄격함으로 무장한, 그것도 남자아이를 원했던 독신 남매다. 다행히 독신 남매는 무뚝뚝해도 속 깊은 사람들로 보인다. 앤에게 최소한의 도리를 다할 거라는 믿음이 생긴다. 초록 지붕 집과 마을의 아름다운 정경도 앤을 환영하는 것 같다. 이로써 앤의 내재된 갈등이 행동으로 드러난다. 『빨간 머리 앤』에서는 긍정적인 요소가 사건 전개의 모멘텀이 된다. 최소한의 지지와 보호 속에서 앤의 꿈이 현실로 튀어 오른다. 플롯은 앤의 말썽담. 앤이 몽상가적인 행동을 하고, 그것이 말썽을 일으키고, 앤이 반성을 하고, 그 결과 초록 지붕의 앤으로 조금씩 자리를 잡아 가는 이야기다.

그런데 이렇게 뚜렷한 계획에도 앞으로 나가지 못한다면? 이 대목에서 많은 사람이 조상을 탓한다. (당연하다. 여태 차린 제삿밥이 얼만데.) 나는 아무래도 재능이 없는 게 아닐까? (네, 맞습니다. 아마도 그럴 가능성이 높아요.) 사실 이 일에는 조상 탓을 할 만한 요소가 상당히 많다.

간혹 이야기가 어떻게 흘러갈지 저절로 알게 되는 경우가 있다. 기막힌 플롯이 돌연히 떠오르기도 한다. 그것이 바로 행운, 직관, 영감 어쩌면 재능이다. 하나같이 아름다운 말이다. 행운! 직관! 영감! 재능! 아름다운 만큼 진귀하기도 하다. 흔한 일은 아니다. 세상 어딘가에는 치킨과 맥주를 먹고 이를 쑤시다가 돌연 엄청난 이야기가 떠올라 그 날 밤 일필휘지로 써 내려갔더니 큰 성공을 거둔 사람이 있을지도 모르지만(있다면 알려 주세요. 온 마음을 다해 미워하겠습니다), 안타깝게도 아주아주 드문 경우다. 즉 내가 그럴 거라는 기대는 하지 않는 편이 정신 건강에 이롭다는 얘기다.

그렇다면 남은 방법은 스텝부터 배워 보기. 다시금 스텝 얘기다.

조상 탓은 명절로 미뤄 두고, 지금 당장 중요한 스텝은 뒷조사, 좀 더 전문적인 용어로 신상 털기. 이야기의 방향이 뚜렷한데도 달려 나가지 못하는 이유는 앞이 깜깜한 까닭이다. 목적지로 가는 방향은 아는데, 가는 길에 대한 정보가 부족한 거다.

『플레이 볼』을 구상할 때다. 초등 야구부 아이들 이야기인지라 나로서는 잘 모르는 세계였다. 2년 정도 틈만 나면 초등 야구대회와 초등 야구부가 있는 학교를 찾아다녔다. 제주도에서 열린 전국소년체전부터 지방 도시의 이름 없는 대회까지, 부산에 있는 학교부터 서울에 있는 학교까지. 그러다 감독님 눈에 띄어 취조에 가까운 질문을 받은 적도 있다. 아줌마! 여기서 뭐 해요? 네, 아니, 저 그게…….

내가 뭘 찾는지도 모르는 채 현장에 가서 경기와 훈련을 지켜보고, 야구하는 아이를 둔 부모들의 블로그나 온라인

커뮤니티를 뒤지고, 야구를 다룬 온갖 책과 영화와 다큐멘터리를 보면서 조금씩 그 세계의 일상에 대해 알아 갔다. 물건을 만들 수 있는 재료를 모아 갔다고 해도 좋겠다.

그렇게 알게 된 사실인데, 초등 야구부는 부모의 역할이 크고, 특히 아버지들이 열성적으로 활동하는 경우가 많다. 그런데 아무래도 부모의 역할이 커지는 게 이야기에는 좋지 않을 것 같았다. 그래서 일단 주인공의 부모 중 한 사람만 남기기로 했는데, 현실에서는 일반적으로 아버지가 더 적극적인 것 같아서, 반대로 내 이야기에선 아버지를 제거하기로 했다. (전지전능의 맛!) 그리고 야구하는 아들 곁에 아버지가 없는 경우를 상상해 봤다. 해외 근무, 사망, 이혼, 투병. 사망이나 투병으로 했다가는 이야기의 무게중심이 엉뚱한 데로 쏠릴 수도 있었다. 선택지 중 남은 건해외 근무와 이혼인데, 마침 내가 고른 공간적 배경이 부산이었다. 그리고 이건 진짜배기 서울 사람은 미처 생각지 못하는 부분인데, 지방에는 서울 사람이 많이 산다.

그렇게 '서울 남자가 부산에서 군 생활을 하다 부산 여자와 만나 결혼해서 살다가……'라는 동구 아버지와 어머니의 신상을 털었다. 탈탈탈. 작품에 직접적으로 쓰진 않았지만, 동구 아버지는 딸 부잣집의 막내 외아들이고 열렬한 문청이었다. 지방 신문 신춘문예에 소설로 당선된 적도 있지만, 그게 한계였다. 지금은 논술 학원 강사로 일하는데, 그런 자신이 실패자라고 생각하는 사람이다. 야구에 대한 동구 아버지의 냉정한 태도에는 이런 사연이 있다. 그 밖에도 내가 그 남자에 대해 알아낸 건 더 많다. 동구 어머니에 대해서도 마찬가지다. 그렇게 두 사람이 만나고 결혼하고 이혼하고, 이혼한 상태로 삶이 안정되기까지의 과정에 대해 뒷조사를 제대로 했다.

이야기의 밑그림이 될 현장 조사와 이야기 속 배경에 대한 뒷조사. 이건 말하자면 이야기를 준비하기 위한 구슬이다. 그 구슬을 꿰는 것은 무명처럼 질긴 작가의 확신이다.

『1945, 철원』을 쓰기 위해 나는 정말이지 별의별 자료를 다 봤다. 철원을 자동차로 돌고, 버스로 돌고, 걸어서도 돌았다. 어느 편집자가 가벼운 마음으로 나를 따라나섰다가 발톱이 빠졌다나 어쨌다나. 조선노동당사에 처음 갔던 것이 2007년 2월이고 책이 출간된 게 2012년이니까, 5년 가까이 나는 철원에 한 발을 들여놓고 살았다. 실제로 가기도 하고, 역사로 들어가기도 하고. 철원에서 직접 만난 어르신의 증언을 듣고, 철원의 역사와 문화를 담은 『철원군지』와 일제 강점기의 사진과 구술 자료를 뒤졌다.

건너 건너 듣기로 철원 출신이라는 어떤 분이 『1945, 철원』을 읽고, 배롱나무는 남쪽에서 자라는데 어떻게 서화영의 집에 배롱나무가 있냐고 물었다고 한다(가능합니다). 나는 서화영의 집에 배롱나무를 심고 싶었다. 내 눈에는 가장 요염한 나무인 데다, 철원에 흔치 않은 나무이기 때문이다. 확인해 보니 철원은 배롱나무의 북방한계선이었다. 그렇게 서화영의 집에 '배롱나무 집'이라는 각별한 이름을 붙일 수 있었다. 자료 조사에 품을 들이는 만큼 구도가 뚜렷해지고 건물이 탄탄해졌다.

그보다 나를 힘들게 했던 건, 확신이었다. 1945년의 해방에 대한, 이후 벌어진 전쟁에 대한 확신이 있어야 했다. 그래야만 그때의 사람들에게 일어난 일을 알 수 있었다. 알아야 쓸 수 있었다. 도둑처럼 찾아온 해방? 그런 상투로 이야기를 쓸 수는 없다. 동족상잔의 비극? 고작 그 정도 결론은 인터넷 검색이면 충분하다. 이데올로기의 대립? 그것도 이미 문학에서 닳도록 우려먹은 관념이다.

그 무렵 '동아시아시민네트워크'라는 단체와 함께 홋카이도 유해 발굴에 참가했다. 징용으로 끌려갔다 그곳에 묻힌 분들의 유해를 발굴하는 일이었다. 흙을 뒤져 뼛조각과 유품을 찾아내고, 커다란 유골에는 아세톤을 묻혀 칫솔로 닦는 일을 했다. 이상하게도 유골은 생각만큼 충격적이지 않았는데, 뼛조각과 함께 나온 물건들이 그렇게 슬펐다. 만년필 뚜껑, 줄이 사라진 손목시계, 안경테. 4박 5일간의 발굴을 마치고, 발굴한 유해는 일본 절에 모셔 두고 우리만 살아서 귀국했다. 나는 비로소 그분들이 겪은 비극을 느낄 수 있었다. 그 비극을 겪어 낸 사람들에게 해방이 어떤 것이었는지도 느낄 수 있었다.

그로부터 얼마 뒤, 구철원에서 태어났다는 어르신을 소개받았다. 중학교에 다니던 열네 살 나이에 해방을 맞이한

철원 지주의 외아들. 민간인 출입통제선 너머 어르신의 집에 마주 앉아 그 시절에 대한 이야기를 듣고 일어나는데, 어르신이 내게 그랬다.

작가 선생도 그 시절에 태어났으면 빨갱이가 됐을걸.

지척에 군인들이 장총을 들고 서 있는 마을, 인민 공화국 치하에서 반동으로 몰려 고생깨나 했던 어르신이 불쑥 빨갱이 타령을 하시니 그야말로 모골이 송연했다. 아, 아닙니다. 저는 빠, 빨갱이 싫어해요. 저, 절대 그럴 리가 없어…… 하는데, 어르신이 크게 손사래를 치며 속삭이듯 다시 말했다.

그게, 혹할 만하거든.

그 집에서 나와 철원 노동당사로 갔다. 어스름을 등지고 선 웅장한 건물, 1945년 새 조국에 대한 희망으로 쌓은 건물. 이제는 총탄의 흔적으로 상처투성이가 된 건물. 나는 그곳에서 '혹할 만하다'는 말을 곱씹었다. 대체 뭐가 혹할 만하다는 건지, 그게 어쩌다 이토록 처연한 몰골이 된 건지, 그 와중에 이 건물은 어째서 이렇게 살아남아 그때를 굳이 증거하고 있는지.

비로소 증언할 마음이, 확신이 생겼다.

그리고 보다 열심히 철원에 대해, 해방과 분단과 전쟁에 대해 들여다봤다. 현대사에 대한 책, 철원에 대한 책, 철원과 해방 정국과 인민 공화국에 대한 논문을 읽었다. 논문에는 각주의 형태로 당시에 김일성이 쓴 글이나 회의록이

수록되어 있기도 했다. 급기야 서울대학교 규장각에 가서 북한에서 발간한 현대사책을 읽기도 했다. 보면 볼수록 이해가 안 갔다. 나의 이해력을 말하는 게 아니다. 우리의 현대사라는 게 이해할 수 없을 만큼 불운했다. 우리에게 불리했고 부당했다. 철원은 그 현대사의 정점에 있는 도시였다.

그렇게 『1945, 철원』이 나왔다. 훗날 통일이 되어 인민공화국 시절의 철원에 대한 북측 자료가 공개되면, 『1945, 철원』의 역사적 오류가 밝혀질지도 모른다. 해방과 분단과 전쟁에 대한 역사적 평가도 달라질 수 있다. 그래도 나는 내가 쓴 책이 그대로 하나의 세계라고 주장할 수 있을 것 같다. 그만큼 나는 1945년의 철원에 대해 확신을 갖고서 이야기를 썼다.

이건 명백한 자랑인데, 『1945, 철원』으로 내가 밝혀낸 구철원의 모습은 자료로서의 가치도 인정받았다. 철원에 대한 책에 작품이 인용되기도 하고, 모 대학원의 근대시가지복원프로젝트팀에 자문을 해 준 적도 있다. 그만큼 구철원의 모습을 실제적으로 그려 낸 모양이다.

사람마다 문장력은 천차만별이다. 누구도 최고의 문장을 쓸 수 있다고 자신할 순 없다. 하지만 최선을 쓸 수는 있다. 그렇게 다짐하고 노력할 순 있다. 자신이 쓸 수 있는 최고의 문장, 그건 확신으로부터 나온다. 자신감에서 나온다. 잘 알고 있다는 자신감, 나는 이렇게 믿는다는 확신.

이야기에 대한 뒷조사가 바로 그런 일을 한다. 일종의 길 닦기라고 해도 좋겠다. 이야기보다 먼저 상황을 살피는 척후라고 해도 좋겠다. 덕분에 이야기는 거침없이 성큼성큼 앞으로 나아갈 수 있다. 사전 정보가 많으니 인물들이 앞으로 어떻게 움직일지 예측할 수 있다. 개연성 있는 사건을 쉽게 떠올릴 수 있다. 사건을 보다 구체적으로 그릴 수 있다는 뜻이기도 하다.

처음으로 동화를 쓰는 분들은 원고지 30매도 채우기 힘들다고 하는 경우가 많다. 무슨 이야기를 써야 할지 모르겠다고 말하기도 한다. 그건 작가가 자기 작품의 인물에게 무슨 일이 일어날지 모른다는 거다.

자기가 만든 인물의 나이조차 정확히 모르는 작가들도 많다. '2학년쯤'이라는 나이는 세상 어디에도 없다. 나이는 숫자에 불과하다고? 그런데 그 숫자조차 모르고서 대체 무슨 말을 하겠다는 건가. 어떤 학교에 다니는지, 어떤 집에 사는지, 학교에 가는 길은 어떤지, 엄마는 어떤 사람인지, 아빠는 어떤 사람인지…… 소개팅 첫 만남 수준보다 정보가 없다. 그런데 그 사람에 대해, 그 사람의 속 깊은 이야기에 대해 대체 무슨 말을 할 수 있겠는가?

뒷조사 없이 이야기를 시작하는 건 화면이 고장 난 내비게이션을 믿고 초행길을 나서는 것과 같다. 110미터 앞에서 우회전입니다. 안내에 따라 우회전을 하긴 하지만, 그곳이 어딘지, 뭐가 있는지는 모르는 거다. 그러니 앞으로 못 나가거나, 나간다 해도 내비게이션 안내 멘트 이상의 말을 하지 못한다.

"철수는 학교까지 급히 뛰어갔어요"라고 썼다고 치자.

학교와 집 사이는 얼마나 될까? 어떤 거리를 지나게 되는 걸까? 그걸 모른다고 해서 글을 쓸 수 없다는 건 아니다. 하지만, 그런 걸 알면 실감 나고 자연스러운 에피소드가 (운 좋으면) 저절로 혹은 비교적 수월하게 생겨난다. 그렇게 한 가지 설정을 구체화하다 보면 다른 설정이 저절로 따라온다. 그럼 철수네 집은 학교 바로 앞이라고 할까? 아니면 아파트 단지 안에 있는 학교라고 할까? 아니면 철수네 집이 학교 바로 앞에서 문방구를 한다고 할까? 철수네 가족, 학교 분위기, 교실 구성, 거리의 풍경……. 그렇게 철수의 세계를 구체적으로 설정하면, 철수에게 일어난 일을 알게 되고, 일어날 일도 짐작할 수 있다.

『토끼 청설모 까치』는 다복이네 가족의 시골살이 이야기로, 다큐멘터리가 아닐까 싶을 만큼 실감 나는 이야기다. 플롯이나 문체도 차분하고 담담하다. 그런데도 이야기에 빨려 드는 건 직접 눈으로 보는 듯한 실감 때문이다. 다복이네 '시골'은 관념적인 시골이 아니다. 현실 어딘가에 있는, 진짜 다복이가 살고 있을 것 같은 마을이다.

시골을 배경으로 한 동화를 많이들 쓰는데, 안타깝게도 대부분 비슷한 배경에 비슷한 이야기다. 결국 아무 이야기도 아니라는 뜻이나 다름없다. 옛이야기 속 마을 같기도 하고, 드라마 『전원일기』에 나오는 마을 같기도 한 곳, 그러니까 어딘가 실재하는 곳이 아니다. 다른 이야기, 다른 매체에서 백만 번 우려먹은 상투적인 이미지다.

그 시골이 어떤 곳이냐는 질문에 제대로 대답하지 못하는 경우가 많다. 서울 근교의 시골? KTX가 들어오는 시골? 아니면 무궁화호 기차가 서는 시골? 아니면 거기서도 버스로 한참 가야 하는 시골? 여유 있는 도시인의 귀향 마을? 의욕적인 도시인의 귀농 마을? 아니면 도시인은 거들떠보지도 않는 시골? 호남? 영남? 강원도? 섬? 섬 중에서도 고등학교까지 있는 큰 섬도 있고, 통학 배를 타고 초등학교를 가야 하는 작은 섬도 있다. 대체 당신의 주인공이 사는 그곳은 어디란 말인가? 거기가 어딘지도 모르면서, 거기에 대해 무슨 말을 할 수 있는가? 거기서 일생을 보낸 아이에 대해 대체 뭘 안단 말인가? 그런 것도 모르면서 그 아이에 대해 대체 뭘 말할 수 있단 말인가? 그런 원고를 보면 놀라다 못해 감탄하게 된다. 패기가 대단하시네요.

시골만이 아니다. 아이를 불행에 빠트리기 위해 부모의 이혼과 가난을 쉽게 가져다 쓰는데, 그것에 대해 아무런 정보가 없는 경우가 부지기수다. 왜 이혼했나요? 성격 차이? 왜 가난한가요? 무능력? 이래서는 도무지 이야기가 앞으로 나아갈 수 없다. 나아간다 해도 빤한 장면을 그릴 수밖에 없다. 왜? 아는 게 없으니까.

「잃어버린 겨울 방학」의 영수네 부모는 이혼을 목전에

두고 있다. 엄마는 아빠와 크게 다툰 뒤 편지 한 장을 남기고 홀연히 외가로 떠났고, 영수는 불안한 마음으로 방학을 보내고 있다. 이렇게만 말하면 흔한 설정인데, 「잃어버린 겨울 방학」은 영수의 사정을 소상히 알고 있다. 영수 아빠는 잘나가는 신문 기자로, 경제적인 어려움은 없다. 성적이 좋은 고3 형은 (영수에게는) 놀랍게도 담배를 피우는 학생이기도 하다. 그런 형과 아버지는 나름대로 영수 걱정을 하는 것 같지만, 큰 도움은 되지 않는다. 그래도 용돈은 넉넉한 덕분에 영수는 학원을 빼지고 만화방을 돌던 중 효경이라는 여자애랑 다투다 그만 본의 아니게 효경의 젖가슴을 손으로 미는 꼴이 되고 만다. 그 일로 효경 엄마가 집으로 찾아오고, 영수는 더 이상 참지 못하고 혼자 외가로 간다. 경상북도 청송 부남 마을에 있는 외가까지 가는 길은 간단치 않다. 대구역에 내려서, 주왕산을 빙글빙글 도는 시외버스를 타고 청송까지 갔는데, 마을로 들어가는 버스가 이미 끊겼다. 그래서 외가로 전화를 하자 외숙모가 받아서……. 이 정도면 상당히 요약한 거다. 영수와 영수를 둘러싼 여러 가지 설정은 너무나 구체적이고, 그래서 너무나 실감 난다. 인물의 성격도 그러하다. 아버지와 형과 엄마는 물론, 외할머니와 외숙 부부에 심지어 효경과 효경 엄마까지 실감 나는 인물이다. 작가가 인물에 대해 제대로 뒷조사를 했다는 것이다. 그 사람들에 대해 잘 알고 있으니 행간에서 실감이 뚝뚝 묻어난다.

마침내 영수는 엄마를 만나지만, 엄마는 영수와 함께 집으로 돌아가지 않는다. 영수는 그런 엄마에게 서운하다. 그렇지만 엄마는 영수에게 솔직히 마음을 전한다. 영수 이야기는 끝까지 실감을 유지하며 독자의 가슴에 강한 인상을 남긴다. 영수네 이야기는 '이혼 동화'라는 딱지를 붙이기 십상인 상투적인 이야기들과 확연히 다르다. 지금 이 순간, 어느 시외버스 차창에 머리를 기대고 울음을 삼키고 있을 것 같은 아이, 어딘가 진짜 있을 것 같은 아이의 이야기. 숨소리까지 들릴 듯 실감 나는 누군가의 진심 어린 이야기다. 감동하지 않을 도리가 없다.

습작이든 기성 작품이든, 이혼을 소재로 삼는 작품은 많지만 글쎄, 대다수의 작품이 그 상황을 이야기에 이용하고만 있는 것 같다. 특히 문제가 되는 건, 아이가 어찌어찌 노력하여 엄마 아빠가 이혼을 다시 고려하게 된다는 식의 이야기다. 과연 그 엄마 아빠가 이혼을 하려는 이유를 작가가 제대로 이해하고 있는 걸까? 이혼이라는 그들의 선택을 존중해 주고 있는 걸까? 잘 알지도 못하면서 어설프게 이혼은 나쁘다는 훈계를 하려고 아이를 앞세우고 있는 건 아닐까? 결정적으로 이혼이라는 어른들 문제의 책임을 왜 아이에게 떠넘기는가?

훈계조의 어설픈 이혼 서사가 정말로 이혼이라는 문제를 맞닥뜨린 어린이 독자에게 어떻게 읽힐지 진심으로 걱정스럽다. 혹시 나는 왜 부모의 이혼을 막지 못했나, 후회하고 자책하진 않을까? 아동 심리 분야엔 문외한이지만 건너 건너 듣기에, 또 겪어 본 바에 따르면, 아이들은 문제를 자기 탓으로 여기는 경우가 많다. 내가 공부를 못해서 엄마 아빠가 싸우나? 같은.

앞서 예술은 주관적 진실이라 말한 바 있다. 객관적 사실을 전하는 게 아니라고 말하기도 했다. 그러나 사실을 전하지 않을 뿐, 사실이 필요 없는 건 아니다. 현실에서 일어난 일은 아니지만, 이야기의 세계 또한 사실로 이루어져 있다. 그러한 사실들 속에서 작가의 주관에 따라 의미 있는 진실을 길어 올려야 한다.

『할아버지의 뒤주』의 민제네 할아버지는 시골에서 혼자 지내다 당뇨병으로 인해 어쩔 수 없이 도시의 아들네로 옮겨 오게 되었다. 민제네는 오래된 방 두 개짜리 연립 주택에 사는데, 할아버지를 모신다고 이사를 할 만한 여력은 없다. 그래서 민제 엄마는 집 안 평면도를 종이에 그려서 고심하며 물건을 줄이거나 옮기며 할아버지 자리를 마련한다. 이러한 '사실'들로 인해 할아버지와 민제가 같은 방을 쓰게 된 일, 그 방에 뒤주를 들여놓게 된 일이 개연성을 얻는다. 사건이 자연스럽게 이어지며 민제가 할아버지를 따라 뒤주로 들어가게 된다. 또한 그러한 '사실'들 속에서 민제네 식구들의 성격도 자연히 드러난다. 점잖은 할아버지와 속 깊은 민제의 성격에 믿음이 간다. 연립 주택 도면을 들여다보며 고심하는 집안 분위기에서 이미 드러난 면모다. 인물들이 이후에 보이는 용감한 선택을 수긍하게 된다. 사실 속에서 진실이 힘을 얻는다. 사실이 진실을 만들어 낸다.

이렇게 '사실'을 확보한 인물들은 뜬금없이 착하지도, 뜬금없이 천박하지도 않다. '진짜' 사람들은 대부분 그렇지 않기 때문이다. 도덕 교과서처럼 훌륭하기만 한 사람도, 천박한 속물근성으로 똘똘 뭉친 사람도 흔치 않다. 없지는 않은 정도일 텐데, 어째서인지 이야기에서는 그런 사람의 비율이 보통 사람을 넘어서는 것 같다.

인물의 성격을 과장한다고 흥미가 배가되지는 않는다. 극적인 이야기가 되거나 주제가 잘 전해지는 것도 아니다. 종이 인형처럼 빠하게 천박한 인물의 언행은 이야기의 품격을 떨어뜨리기나 할 뿐이다.

「잃어버린 겨울 방학」에서 영수는 효경 엄마의 방문으로 상처를 받고 외가로 떠나는데, 그건 효경 엄마가 천박하고 표독스럽게 굴었기 때문이 아니다. 사실 충분히 따지러 올 만한 상황이었지만 효경 엄마는 "역시 엄마가 없으면 티가 난다니까! 얘, 느이 집 이혼한다며?" 따위 말이나 함부로 뱉으며 천박하게 굴지 않는다. 그저 화가 난 얼굴로 "효경이가 영수한테 맞았다고 울고불고 야단이 났다"면서, 영수 형에게 "엄마 집에 안 계시면 형이라도 좀 동생을 잘 돌봐야지"라고 말할 뿐이다. 그것만으로도 영수를 외가로 떠밀기에는 충분했다. 그 사건이 영수에게 큰 상처가 된 까닭은, 효경 엄마의 이야기가 그 입장에서는 일리 있는 주장이기 때문이다. 세부가 살아 있는 사실로 구축했기에 설득력 있는 충격이 만들어졌다.

좋은 이야기는 단순한 얼개에 세부가 풍성하다. 『샬롯의 거미줄』을 보라. 얼개는 단순하고, 세부가 풍성하다. '해리 포터' 시리즈도 마찬가지다. 단순한 이야기에 풍성한 세부로 걸작이 탄생했다. 말하자면 능숙한 스텝으로 간결하고도 우아한 탱고를 추었다고 할 수 있겠다.

노트북 앞에 앉아서 하얀 화면을 들여다보며 조상을 탓한다고 장면이 만들어지지 않는다. 애초에 장면이나 사건을 만들어 내겠다는 식으로 접근해서는 안 된다. 조상의 도움이 없고서야 빤한 장면, 과장된 장면, 뜬금없는 장면이 나오기 일쑤다. 아니, 어설픈 설정은 조상님이 떼로 나서도 해결할 방법이 없다.

이미 너무도 소중한 자원이 있다. 나의 주인공, 나의 목적지. 그러니 주인공을 중심으로 뒷조사에 나서야 한다. 주인공을 비롯한 인물과 배경에 대해 제대로 신상을 털어야 한다. 대체 언제까지 털어야 하냐고? 무슨 일이 일어났는지 알 것 같다는 기분이 들 때까지.

가다가 막히면 잠시 멈추어 다시 인물들의 뒤를 캐기 바란다. 앞서 말한 바 있듯, 작가는 드러난 것을 스케치만 해서는 안 된다. 사실 이면에 숨은 진실을 캐내어야 한다. 그러기 위해 일단 신상부터 탈탈 탈탈 탈탈탈탈 탈탈……

9
{ 전망 좋은 그 자리: 절정 }

탈탈탈……. 경운기 소리 같기도 하고, 똥차 엔진 소리 같기도 하다. 어느 쪽이든 마찬가지다. 이야기는 언덕을 오른다.

기승전결.

그렇게 도식적으로 쓰고 싶진 않다는 사람도 봤는데, 아니, 일단 도식적으로 쓰자. 적어도 도식을 제대로 익히자. 도식이 왜 나쁜가? 기승전결은 수백 수천 년 동안 전해 내려온 이야기계의 비술이다. 가장 기초적이며 가장 확고한 스텝이다.

갈등을 품은 인물이 등장한다. 그리고 폭탄의 타이머를 작동시키는 어떤 일에 의해 극적 질문이 형체를 드러낸다. 갈등이 고조되며 인물이 궁지에 몰린다. 마침내 벼랑을 뒤에 두고 적들과 맞선다. 단 두 가지 선택지만 남았다. 목숨을 걸고 아래로 뛰어내리느냐, 이대로 무릎을 꿇느냐. 그때까지 주인공의 선택지를 하나씩 제거해 나가야 한다. 결승점은 다가오고 선택지는 줄어들고, 그렇게 외통수로 몰아넣어야 한다. 그때 비로소 갈등의 진면목이 드러난다. 주인공이 무엇을 원하고 무엇을 두려워하는지 적나라하게 드러난다. 무엇에 대한 이야기인지 뚜렷이 드러나기도 한다. 독자는 비로소 이야기를 한눈에 조망하게 된다. 주인공마저도 그제야 자신이 뭘 원하는지 깨달을 수도 있다. 초고를 쓰는 동안에는 작가 자신도 그럴 수 있다.

『축구 생각』의 축구 소년 안대용은 축구 금지라는 끔찍한 형벌을 받는다. 욕망과 걸림돌의 충돌, 갈등이다. 이야기는 대용이 '축구를 하려는 시도'라는 플롯에 따라 전개된다.

1) 축구파 애들 사이에 슬며시 끼어들기 — 실패
2) 방과 후에 중학교 운동장에서 축구하기 — 실패
3) 학원까지 끝나고 달밤에 축구하기 — 실패
4) 성적을 올려서 축구 허락받기 — 성공

드디어 축구를 하게끔 허락을 받았다. 반 대항 축구 경기에 나갈 선수로도 뽑혔다. 여기서 끝났다면 『축구생각』은 하고많은 빤한 동화 중 하나였을 것이다.

그런데 진짜 이야기는 여기서부터다. 최고의 순간이 곧

비극의 시작이다. 대용은 승완의 시험지를 커닝해서 좋은 점수를 받은 거였는데, 승완이 그 사실을 알아 버렸다. 승완의 협박에 대용은 스스로 축구팀에서 나오고 대신 승완을 축구팀에 넣어 준다.

대용은 완전히 궁지에 몰렸다. 축구를 하기 위해 온갖 노력을 다했고, 심지어 양심을 속이고 커닝까지 해 가며 좋은 점수를 받았는데 오히려 그 때문에 궁지에 빠졌다. 더 이상 선생님이나 엄마를 탓할 수도 없다. 절망에 빠진 대용은 구령대 아래 창고에 들어가 펑펑 운다. 그러다 궁금한 생각에 슬그머니 밖을 내다보는데, 뜻밖의 광경이 눈에 들어온다.

애초에 축구파에 들어가지도 못한 남자애들이 구령대에서 엉뚱한 장난을 치고 있었다. 그런데 이상하게 그 모습이 재미나 보였다. 대용은 몸이 근질근질하다. 선택지는 단 둘이다. 계속 구령대 아래에서 징징거리고 울며 '축구 소년'이라는 간판을 부여잡고 있을 것이냐, 축구팀에 끼지 못한 '찌꺼기' 애들이랑 같이 신나게 놀 것이냐.

대용은 저도 모르게 밖으로 나가 애들이랑 같이 논다. 애초에 축구 소년이지 않은가. 고뇌보다는 몸싸움이 적성에 맞다. 축구가 아니라도 친구들과 노는 건 뭐든 재밌다. 그게 대용의 선택이요 본심이요 성격이요, 작품이 정말 전하고자 하는 바다.

『우리는 바다로』의 사토시와 친구들은 자전거로 학원을

오가며 지루한 여름 방학을 보내고 있다. 유일한 즐거움은 근처 바다를 메운 매립지 공사장에 버려진 조립식 건물에서 어른들은 모르는 시간을 보내는 것이다. 그렇다고 대단히 비밀스러운 일을 하는 건 아니다. 간식을 나눠 먹고 수다를 떨고 그냥 뒹굴거리고, 겨울에는 빈 등유통에 불을 피워 고구마를 구워 먹기도 한다. 아, 야한 잡지도 본다. 그러던 어느 여름날, 패거리에서 좀 겉돌던 시로가 배를 만들었다. 처음엔 시시하게 여겼는데 어? 배가 정말 뜬다! 그것도 잠시뿐, 배는 전복되고 말았지만 어쨌든 잠시나마 아이들은 배를 가졌다. 그렇게 사건이 시작된다.

이야기는 사토시와 아이들이 배를 만드는 과정을 플롯으로 전개된다. 그러면서 아이들 사이에 갈등이 일어나기도 하고, 패거리가 아닌 아이들이 합류하기도 한다. 아이들은 자신에게서 뜻밖의 모습을 발견하기도 한다. 배는 점점 형체를 갖추어 가지만, 아이들의 마음은 오히려 흩어져 간다. 내면의 갈등, 서로 간의 갈등 그리고 가족의 문제가 불거지기도 한다. 마침내 배가 거의 완성되었지만, 정작 바다로 나가려는 마음은 식어 버렸다.

바로 그때 폭풍이 몰아쳐 온다. 그러자 배에 가장 애착이 컸던, 아이들 사이에서는 구박덩이였던 시로가 배를 지키러 갔다가 그만 목숨을 잃는다. 폭풍은 그쳤지만, 살아남은 아이들은 격렬한 갈등에 놓인다. 이대로 지난여름을 지워 버릴 것인가, 여름의 꿈을 지킬 것인가.

아이들은 배를 만든다. 현실의 문제들로 잊었던 꿈을 되살려 낸다. 그리고 마침내 스스로 만든 배를 타고 바다로 나간다.

『우리는 바다로』의 멋진 점은, 아이들이 정말로 배를 바다에 띄웠다는 점이다. 많은 동화에서 처음에 던진 과제를 중도에 접는다. 욕조에 오리 배를 띄워 놓고 마음은 항해 중이라는 식이다. 이러면 또 묻지 않을 수 없다. 네? 뭐라고요? 그건 독자를 기만하고 이야기를 수렁에 빠트린다. 배를 띄우는 이야기를 시작했다면, 정말로 배를 띄워야 한다. 안톤 체호프 선생 가로되, "도입부에 총이 등장했다면 반드시 총을 쏘라."

영화 『밀정』에서 송강호가 분한 경부보 이정출은 의열단과 일본 경찰 사이에서 곡예를 한다. 위험한, 아니 치명적인 곡예다. 곧 이정출은 일경의 의심을 받는데, 의열단은 오히려 더 큰 도움을 청한다. 이정출은 처음에 일경에게 거짓말을 하다, 결국 동료 일경을 죽이게 된다. 사건이 전개될수록 이정출은 궁지에 몰린다. 급기야 일경은 함정을 파고, 이정출은 의열단 김우진과 함께 일경에 포위된다.

이제 두 가지 선택지밖에 없다. 일경이냐 의열단이냐. 엄청난 선택이다. 기회비용이 어마어마하다. 일경을 택한다면 조국을 버려야 하고, 의열단을 택한다면 목숨을 버려야 한다. 비로소 이정출이 진정으로 원하는 바가 드러난다. 관객은 이정출의 진면모를, 작가가 추구하는 가치를 발견한다.

결국 이정출은 의열단을 택한다. 목숨을 기회비용으로 치르겠다고 결의한 것이다. 이정출의 선택은 그만큼 극적이며, 강하게 주제를 드러낸다. 이야기는 큰 박수를 이끌어 낸다.

이정출을 그 자리까지 몰아가야 한다. 아이들이 크나큰 마음의 상처에도 불구하고 배를 완성하고 바다로 나가게끔 몰아가야 한다. 이야기에서는 주인공이 스스로 위태로운 절정으로 걸어 올라가는 것처럼 보이지만, 실은 작가라는 피도 눈물도 없이 냉혹하고 냉철하고 냉엄한 자들이 주인공을 그 자리로 몰아넣어야 하는 것이다. 하나하나 선택지를 제거하고 퇴로를 끊으면서.

『로봇의 별』에서 나로는 여러 사람 혹은 로봇들의 도움을 받으며 로봇의 별로 나아간다. 그 도움은 동시에 기회비용이기도 하다. 엄마의 도움을 받아 떠나게 되니 더 이상 엄마의 도움은 받을 수 없다. 횃불들의 도움을 받아 떠나게 되니 더 이상 횃불들의 도움을 받을 수 없다. 그래도 끝내 루피만은 나로 곁에 남았는데, 우주 승강기 터미널에서 루피마저 잃고 만다. 나로는 낯선 바닷가에 홀로 남는다. 가진 것은 정체가 불분명한 단서뿐.

나로에게 남은 선택지는 둘이다. 위험을 무릅쓰고 우주 승강기 터미널로 돌아가든가, 로봇의 별을 포기하고 도망

치든가.

이것은 나의 계략이었다. 나는 처음부터 나로를 그 자리에 세울 생각이었다. 다양한 존재들의 도움을 얻어 우주 승강기 터미널까지 가지만, 로봇의 별을 앞에 두고 혼자 남게 할 생각이었다. 그 자리에서만 나로가 정말로 원하는 것을, 내가 정말로 하려는 말을 발견할 수 있기 때문이다.

나로는 모험을 택했다. 나는 용기 있는 모험을 응원했다. 『플레이 볼』에서는 패배가 확실한 시합에서 동구를 마운드에 세우기로 했다. 그리고 꿈과 현실이라는 갈등 속에서 동구가 야구를 포기하도록 만들 생각이었다. 꼭 프로 선수가 되는 것만이 야구를 하는 유일한 길은 아니라는 이야기를 하고 싶었다. 그렇게 계획대로 동구를 궁지에 몰았다. 동구는 나의 계략대로 패배감에 휩싸인 채 패배가 확실한 경기에서 마운드에 올랐다.

그런데 동구가 내 말을 듣지 않았다. 동구는 마운드에서 내려오고 싶어 하지 않았다. 동구의 이야기를 써 오는 동안 내가 알게 된 사실이었다. 동구는 그만한 일로 야구를 포기하지 않는다. 동구가 어리다고 내가 얕봤던 거다. 나는 동구에게 졌다. 동구는 자신의 한계와 불확실한 미래와 여러 악조건에도 불구하고, 계속 마운드에 서기로 했다. 나는 그런 동구를 응원하게 됐다.

이렇게 작가가 생각했던 결말이 바뀔 수도 있다. 애초에 결말은 열어 두고 가는 편이 낫다. 작가가 아닌, 진정으로 인물이 원하는 결말로 나아가야 한다. 인물은 그럴 생각이 조금도 없는데, 작가의 의도에 따라 반성하고 화해하고 극복하는 결말에 감동할 독자는 없다. 독자는 작가가 아니라 인물에게 공감하며 이야기를 읽는다.

그렇다고 처음부터 인물을 그냥 내버려 두면 곤란하다. 그래서는 이야기가 산이 아니라 골짜기, 아니 절벽으로 굴러떨어질 수도 있다. 사막을 헤매다 쓰러질 수도, 깊은 강으로 걸어 들어갈 수도 있다. 그런 뒤에 "공무도하 공경도하" 해 봤자, 님은 돌아오지 않는다.

어떻게든 절정까지는 작가가 인물을 밀어 올려야 한다. 우격다짐으로 밀어붙이는 게 아니라, 전략적으로 인물을 절정으로 몰아넣어야 한다. 인물이 그 방향으로 뛸 수밖에 없게끔 이야기를 짜야 한다. 구조적으로 몰아넣는 거다. 인물의 욕망과 걸림돌, 그것을 행동으로 이끌어 내는 폭탄과 타이머, 사건을 일관되게 몰아가는 플롯. 인물은 그에 따라 앞으로 달리고 달려 절정에 이른다. 자신에게 선택지가 둘밖에 없음을 알게 된다. 그때 작가는 한발 물러서야 한다. 인물을 지켜봐야 한다.

그 선택이 작가의 생각과 다르다면? 납득할 수 있는지 없는지 작가 스스로 돌아봐야 한다. 만약 납득할 수 있다면, 인물의 선택을 존중하라. 만약 도저히 납득이 가지 않는다면?

하지만 인물을 진정으로 이해하면서 함께 달려온 작가

라면, 아마도 인물의 선택을 납득할 수 있을 것이다. 왜, 부모가 자식 못 이긴다고들 하지 않는가. 그것은 젊음과 늙음의 권력관계이기도 하지만, 그보다는 '이해'의 문제다. 부모는 자식을 긴 세월 애정으로 지켜봐 왔다. 너무 지켜봐서 탈이 될 만큼 열심히, 간절히. 부모가 자식 속을 어떻게 아느냐 싶기도 하지만, 부모 깐에는 자식의 뱃속까지 알고 있는 것 같다. 그럴 만한 세월이 있었다. 그래서 많은 부모들이 많은 순간에 결국 자식에게 납득되고 마는 것이다.

작가와 인물의 관계도 그러하다. 아니, 그러해야 한다. 그러하다면 작가 역시 인물을 이겨 내지 못하고 그 선택을 납득하고, 나아가 그 선택을 응원하게 되지 않을까. 그렇지 않고 아무래도 인물의 선택을 이해할 수 없다면? 이야기를 허물고 다시 쓰는 수밖에.

사람에 따라 시작에 앞선 준비에 차이가 있다. 각 장별 내용까지 구체적으로 계획하고 쓰는 사람도 있고, 어렴풋한 스케치로 시작하는 사람도 있다. 물론 정답은 없다. 사람마다, 작품마다 다를 수 있다. 이런저런 방법으로 시도해 보고 자신에게 잘 맞는 방법을 찾기 바란다.

하지만 어떤 경우라도 이야기의 시작과 절정만은 미리 계획하는 게 좋다. 쓰는 동안에도 절정을 계속 의식해야 한다. 그 때의 개연성에 대해, 의미에 대해, 이미지에 대해, 심지어 절정에서 주인공을 둘러쌀 여러 감각에 대해.

절정은 구조와 의미 면에서 가장 중요한 부분이고, 그런 만큼 이야기 전체에서 가장 멋진 장면이 되어야 한다. 로맨스영화를 보면 절정의 키스 신에서 카메라가 빙빙 돌지 않는가. 좀 유치하긴 하지만, 절정은 원래 그런 거다. 멋지게, 폼 나게, 낭만적으로. 내 인물의 절정, 내 이야기의 절정, 이야기가 진행되는 내내 그토록 고대하던 순간이 아닌가.

『플랜더스의 개』의 절정을 생각해 보라. 한밤의 루벤스라니! '해와 달이 된 오누이'는 어떤가. 깊은 밤 나무에 올라 하늘에 동아줄을 청한다!

『봉주르, 뚜르』의 아름다운 절정도 빼놓을 수 없겠다. 저물녘, 두 소년은 문 닫힌 공원으로 숨어들어 붉은 잉어가 노니는 연못가에서 진심을 털어놓는다. 『산적의 딸 로냐』는 겨울이 다가온 숲속에서 절정을 맞이한다. 지난날의 난롯불을 그리워하며 샘으로 내려간 로냐 앞에 아빠가 나타난다. 세상을 향한 아이의 사랑과 아이를 향한 부모의 사랑. 슬픔과 기쁨을 동시에 내포한 두 마음이 겨울 숲을 배경으로 아름답게 그려졌다.

절정은 절정다운 모습으로 독자에게 다가가야 한다. 독자의 마음에 가닿아야 한다.

우에하시 나호코의 고혹적인 판타지 『야수』의 주인공 에린은 그토록 벗어나고 싶었던 운명의 절정을 이렇게 맞이한다.

멀어져 가는 의식 한구석에서 문득 엄마의 손가락 피리 소리를 들은 것 같았다. 날카로운 손가락 피리 소리와 함께 퍼덕퍼덕 하는 소리가 들렸다. 뭔가 커다란 것이 날아 내려온다. 그것이 리란이라는 것을 깨달은 순간, 에린은 놀라서 눈을 휘둥그레 떴다.

'……왜?'

엄니를 드러내고 체모를 바늘처럼 곤두세운 리란이 풀무질 소리 같은 숨을 토하며 급강하해 왔다. 투사에 올라탄 전사들의 고함과 비명이 울려 퍼지고 화살이 비처럼 쏟아지기 시작했다. 에린은 그저 눈을 꾹 감고 머리를 감싸고 있는 수밖에 없었다.

문득 햇빛이 가려지고 눈앞이 어두워졌다. 화살 소리도 사람들의 고함도 멀어지고 잔잔한 공중에 올라선 것 같은 정적이 몸을 감쌌다.

눈을 뜨니 바로 앞에 리란의 거대한 얼굴이 있었다. 날개로 에린을 가리듯이 감싼 채 엄니를 드러내 놓고 있었다.[3]

전투가 한창이다. 에린은 전투의 와중에 화살을 맞고 바닥에 쓰러져 있다. 그러나 작가는 에린의 절정에서 시간을 멈춘다.

처음부터 거기까지 숨 가쁘게 달려갔다. 독자는 정신없이 이야기를 따라왔다(부디!). 때론 울고 때론 웃고 때론

주먹을 불끈 쥐면서. 그렇게 휘몰아쳐 오른 뒤, 절정에서
는 멈춰야 한다. 독자가 숨죽인 채 주인공의 절정을 지켜
보게 해야 한다. 왁자하게 산에 오르다가도 정상에 다다르
면 문득 숙연해지곤 한다. 말로 표현할 수 없는 마음을 탄
성으로, 긴 한숨으로 토해 낸다.

절정에서는 문득 숙연해지게 만들어야 한다. 독자가 인
물의 진심과 마주 서게 해야 한다. 인물의 진심이 독자의
마음을 울려야 한다. 울리면 좋다? 아니! 울려야 한다. 그
러려고 이야기가 여기까지 왔다.

가장 전망 좋은 자리, 절정의 그곳에서 인물과 독자에게
최고의 선물을 주어야 한다.

10
{ 그럼에도 불구하고: 결말 }

아름다운 절정. 그러나 안타깝게도 절정이 아름답다고 결말까지 그러한 것은 아니다.

나도 권선징악을 바란다(비나이다, 비나이다, 비나이다). 노력한 만큼 보람을 얻고 간절한 만큼 도움을 얻고, 공평하게 행운을 얻고 공평하게 불행을 피하고, 잘못을 저지르면 반성하고 개심하고 성장하여 아아, 사랑과 평화가 넘실대는 세상이면 좋겠다(재미없을라나?).

그러나 안타깝게도 인생의 승률은 그리 높지 않다. 『플레이 볼』에서 아람중학교 야구부 감독은 동구에게 말한다.

"잘 지는 법을 알아야 된다. 질게 야구하는데, 이기는 날보다 지는 날이 헐타. 3할 치모 강타자다. 이대호도 열 번 중에 세 번밖에 몬 친다 이 말이다. (……) 이기는 기야 다 잘하지. 그렇지만 야구하는 기 내내 지는 일이다. 잘 질 줄 알아야 된다. 인생은 토너먼트가 아니라 리그다, 리그."[4]

무려 조선의 4번 타자라고 불리는 이대호의 타율이 3할이다. 굉장한 성공이다. 인생에서 그만한 승률을 거두는 사람은 얼마 되지 않을 것이다.

사는 게 그렇지 않은가. 중요한 일부터 사소한 일까지 바라는 대로, 뜻한 바대로, 계획대로 되는 일이 얼마나 되는가. 어째서인지 급한 날은 신호등이 내 앞에서 바뀌고, 발 아픈 신발을 신은 날은 지하철에 빈자리가 없다. 어째서 내가 지각을 한 날은 교문에 무서운 선생님이 있고, 내가 교과서를 안 가져온 날은 기습적인 검사가 있다. 지금의 나는 어린 내가 기대한 그 사람이 아니다. 나는 꿈꾸던 만큼 예쁘지도 똑똑하지도 특별하지도 않다. 심지어 키도 크지 않았다. 순정만화처럼 낭만적인 연애를 해 보지도, 완벽한 결혼을 하지도 못했다. 꿈꾸던 만큼 부유해지지도, 성공하지도 않았다. 아니, 꿈 따위가 다 뭔가. 생각도 못한 온갖 실수와 실패와 상처와 좌절, 심지어 배신과 배반에 시달리기도 했다. 그러다 급기야 노안을 비롯한 노인성 질환의 방문을 받고 있다. 똑똑, 이제 중년이신데 어디 보자……. 여덟 살의 내가 지금의 나를 보면 어떨까? 어린아이에게 돌이킬 수 없는 충격과 공포를 안길 수 있다. 혹은 어린 나의 충격적인 언사에 지금의 내가 총 맞은 것처럼 가슴앓이할 수도 있겠다(타임머신 결사반대).

　당장 오늘의 나만 놓고 생각해 봐도 그렇다. 글은 뜻대로 안 풀리고, 책은 마음만큼 안 팔리고, 자식은 기대대로 안 커 주고, 통장은 가볍고 사랑은 멀고 우정은 복잡하다. 내일이 된다고 딱히 나아질 건 없다. 하루만큼 나이를 더 먹고, 그만큼 노안이 심해지고 주름살은 늘어나고 죽음에 가까워질 뿐. 아마 대부분의 사람이 이와 다르지 않을 것이다.

　그렇다고 삶이 한없이 불행한가? 그렇지는 않다. 걱정이 있고 아쉬움이 있지만, 괜찮다. 내일이 오는 게 싫지 않다. 여태 그렇게 당하고도, 내일은 조금 나을지 모른다는 기대도 없지 않다. 정말 괜찮다.

　나에게는 그럼에도 불구하고 일어날 힘이 있기 때문이다. 그럼에도 불구하고 나는 글을 쓰고, 책을 내고, 자식을 믿고, 사랑을 한다. 연휴 동안 뱃살이 늘었지만 깻잎전은 최고였다. 언제나 그런 건 아니다. 눈앞이 깜깜하고 사방이 절벽인 때도 있다. 도저히 일어설 수 없는 날도 있다.

　그럼에도 불구하고.

　문학은 그것에 관한 이야기다. 그럼에도 불구하고 너는, 나는, 우리는.

　신화의 시대로부터 오랫동안 우리는 그 해답을 초인적인 힘에서 찾았다. 바리공주는 그 서러운 운명에도 불구하고 초인적인 의지로 저승에 다녀와 공주의 지위를 되찾았다. 춘향이와 이도령은 그 어려운 여건에도 불구하고 초인적인 사랑으로 시대의 한계를 뛰어넘었다. 나무꾼은 그 엄청난 실수에도 불구하고 산신령의 도움으로 금도끼 은도끼를 얻었다.

근대에는 더 이상 초인적인 영웅을 믿지 않게 되었다. 산신령의 도움도, 난데없는 기적도 믿지 않았다. 그보다는 인간의 힘을 믿었다. 인간의 지성과 연대와 의지. 그것으로 세상을 올바른 방향으로 바꿀 수 있다고 믿었다. 세상은 모순투성이지만 그럼에도 불구하고 아이 캔 두 잇, 유 캔 두 잇, 예스 위 캔.

지금의 우리는 어떨까. 지금의 우리는 하늘의 도움도 초인적인 힘도 믿지 않는다. 세계가 나아질 수 있다는 믿음도 잃었거나 잃어 가고 있다. 이제 우리는 저마다 해답을 찾고 있다. 그럼에도 우리 아니 나에겐⋯⋯. 종교일 수도 가족일 수도 돈일 수도 힘일 수도 친구일 수도 사랑일 수도, 그래, 취미 생활일 수도. 뭐가 됐든 지금의 우리는, 나는, 스스로 그 답을 찾는다. 그럼에도 불구하고 나는, 이라고.

어린이라고 다르지 않다. 어린이 역시 매일, 매 순간 실수와 실패와 불운을 경험한다. 그런데도 남들 역시 그렇다는 걸 아직 알지 못한다. 엄마 아빠도 그랬다는, 지금도 그렇다는 것도 미처 알지 못한다. 나만 유독 못나고 모자라고 운이 없는 것 같다. 어린이는 아직 어른만큼 굳은살이 생기지 않았다. 상처를 입으면 속살까지 다친다.

그런 아이들에게 우리는 무슨 말을 해 줘야 할까. 권선징악이라고? 꿈은 이루어진다고? 노력은 실패하지 않는다고? 그건 아이들에게 자신을 더욱 궁지로 몰게 만드는 거짓말이 아닌가. 안타깝게도 현실이 그렇다. 착한 사람은 뒤통수를 맞고, 나쁜 사람은 부귀영화를 누린다. 꿈은 꿈일 뿐이고, 노력은 노력일 뿐이다. 우리 아이만, 나의 독자만 냉혹한 현실을 비껴갈 수는 없다. 그런 거짓말을 한들 어린이에게 마음의 짐만 지울 뿐이다.

『위풍당당 질리 홉킨스』의 주인공 질리에게 인생은 유독 몰인정하다. 간절한 바람과 노력 끝에 트로터 아줌마네를 가족으로 받아들이자, 뒤늦게 친엄마가 나타난다. 하지만 눈앞에 나타난 엄마는 질리의 기대와 너무도 다르다. 질리의 현실은 바닥을 모르고 곤두박질친다. 질리를 바닥까지 몰아붙인다. 이야기는 적당한 상황에서 질리에게 행복을 적선하지 않는다. 질리 홉킨스라는 인물에게 닥칠 수 있는 현실을 냉엄하게 펼쳐 보인다. 그렇다고 질리가 기구하고 박복하여 도무지 삶의 기쁨을 찾을 수 없는 건 아니다. 그럼에도 불구하고, 우리의 질리에게는 "지옥에나 떨어져요"라는 말과 동시에 "사랑한다"고 말할 수 있는 가족이, 힘이 생겼다. 바리데기처럼 운명을 바꾸지도, 춘향이처럼 신분제를 극복하지도, 나무꾼처럼 일확천금을 손에 넣지도 못했다. 힘 모아 잘못을 바로잡지도 못했다. 질리의 인생은 처음과 비교해서 거의 달라진 것이 없다. 그토록 바라던 가족을 만났지만, 그건 질리의 꿈과 다른 무엇이었다. 일어난 사건만으로 말하자면, 질리는 여전히 불운하다.

그럼에도 불구하고 눈물 젖은 얼굴로 책장을 덮는 우리의 마음에는 믿음이 생겨난다. 질리는 괜찮을 거라는 믿음, 앞으로의 인생도 쉽지 않겠지만 질리는 잘 해낼 거라는 믿음, 나 역시 그럴 거라는 믿음. 그랬으면 좋겠다는 바람.

동화라고 현실을 미화할 필요는 없다. 그래서는 안 된다. 어린이 독자이기에 더더욱 정직해야 하는지도 모른다. 더구나 작가라면. 독자에게 정직하지 않은 마음으로 좋은 이야기가 나올 리 없다. 내가 믿지 않는 이야기를 잘 쓸 수는 없다.

실은 인생이 뜻대로 되지 않는 거라고 인정해도 좋다. 인정해야 한다. 솔직한 태도로 어린이 독자와 마주 앉아 내가 믿는 바를 말해야 한다. 그럼에도 불구하고 내 생각엔 말이야…….

『매기의 야구 노트』의 매기는 프로 야구 브루클린 다저스의 열혈 팬인데, 그로 인해 아빠가 일하는 소방서 동료 짐 아저씨와 가까워진다. 하지만 짐 아저씨는 곧 한국 전쟁에 참전했다가 몸과 마음에 깊은 상처를 입고 돌아온다. 그러는 동안 브루클린 다저스는 매번 우승에 도전하고, 매기는 짐 아저씨에게 도움이 되기 위해 온갖 노력을 다한다. 그러나 전쟁은 매기가 감당할 수 있는 상처가 아니었다. 브루클린 다저스도 끝내 우승을 하지 못한다. 작품은 전쟁의 참상에 대해 일말의 관용도 베풀지 않는다. 그것이 우정이나 야구로 극복할 수 있는 일이라는 헛된 위로 따위 하지 않는다. 매기는 깊은 좌절과 슬픔을 맛보았다. 선량한 짐은 끝내 상처를 극복할 수 없을 것 같다.

그럼에도 불구하고 매기가 실패했다는 마음이 들지 않는다. 매기는 할 수 있는 최선의 우정을 짐에게 선사했다. 더는 어쩔 수 없다는 인식에 다다를 때까지 짐에게 손을 내밀었다. 그러므로 매기는 눈물을 닦으며 일단 멈출 수 있다. 실패를 인정하고 잠시 물러날 수 있다. 독자는 매기의 우정에 박수를 보내고 짐의 건강을 기원하며 책장을 덮을 수 있다.

미야자와 겐지 동화집 『바라우미 여우 초등학교』에 수록된 단편 「조개불」의 어린 토끼 호모이는 종다리를 구해 주고 엄청난 선물을 받는다. 온 세상이 머리를 조아리게 만드는 붉은 구슬이다. 그러나 구슬에 취한 호모이는 엄마의 경고를 잊고 오만하게 굴다가 여우에게 홀려 구슬을 잃고 눈이 멀고 만다. 아빠는 그런 호모이에게 섣부른 위로를 하지 않는다. 호모이가 일을 망쳤다는 사실을 똑똑히 지적한다. 그리고 이렇게 덧붙인다.

"울지 마라. 이런 일은 어디서나 있는 거란다. 그것을 잘 알았으니 너는 누구보다도 행복한 거야. 틀림없이 눈은 다시 좋아질 거야……."[5]

동화가, 지금의 이야기가 어린이에게 해 줄 이야기가 바로 이것이 아닐까. 울지 마라. 이런 일은 어디나 있는 거란다. 그것을 잘 알았으니 너는 누구보다도 행복한 거야. 그럼에도 불구하고.

『쑤우프, 엄마의 이름』의 하이디는 결국 엄마를 잃었다. 하이디는 친절하지만 낯선 사람들 사이에, 엄마의 과거 속에 혼자 남겨졌다.

그럼에도 불구하고 하이디는 마침내 엄마의 말을 이해하게 되었다. 엄마는 그 많은 약점에도 자신만의 언어로 "쑤우프"라고, 마음 깊은 사랑을 전해 왔다. 엄마의 사랑은 너무나 특별한 말로 하이디의 마음에 새겨졌다. 하이디는 한없는 슬픔을 겪었고 상실 속에서 살아갈 테지만 그럼에도 불구하고, 괜찮다. 버니 아줌마의 말처럼 하이디는 "슬픔을 다 이겨 내지는 못했지만 시간이 흐르"면 기분이 훨씬 나아질 테고, 중학교에 입학하고 새로운 이름으로 불리며 새로운 날들을 살아갈 테니까. 슬픔을 다 이겨 내지 못한 채로 살아가는 법, 그럼에도 불구하고 나를 사랑하는 법을 알게 됐으니까.

때로는 질문을 던진 채 끝날 수도 있다. 너무나 솔직한 태도로 진실을 토로하며 마음을 여는 것으로 이야기를 끝낼 수도 있다. 최나미의 「셋 둘 하나」, 박관희의 「문간방 갈래머리」 그리고 나의 「3일간」이 그런 작품들이다. 씁쓸한 결말을 두고 과연 이것이 동화로 적절한가 하는 문제 제기도 없지 않았다. 글쎄, 비평적으로 여러 가지 논의점이 있겠지만, 나는 그 작품들이 이야기로서 정직했다고 생각한다. 독자에게 정직하다는 건 이야기가 갖추어야 할 기본 자질이다.

어쩌면 '어린이'라는 독자를 어떻게 규정하느냐에 따라서 견해차가 있기도 할 텐데, 앞선 세 작품의 경우 그만한 현실을 알고 있는 어린이를 내포독자로 삼고 있다고 볼 수 있겠다. 그렇다면 해결의 실마리를 직접적으로 제시하지 않을 수도 있다.

나는 『악당의 무게』의 결말 때문에 어린이 독자에게 항의를 받은 적이 몇 번 있다. 비극적인 결말을 지적하며 하는 말인즉, "이럴 거면 뭐하러 끝까지 다 읽어요?"

보다 구체적인 항의도 있었다. 자기가 이렇게 두꺼운 책은 잘 안 읽는데, 그래도 들개 '악당'을 구해 주겠지 싶어서 믿고 읽었다는 거다. 그걸 어떻게 물어 드릴 도리도 없고, 나 원 참……. 그 결말에 공감하는 어린이도 있고, 이렇게 항의하는 어린이도 있다. 이야기의 운명이다. 어쩌겠는가. 모두를 만족시키는 이야기란 없는 법이고, 나는 나다운 이야기를 나의 내포독자에게 전한다. 우리의 이야기가 얼마나 널리 공감을 얻는가 하는 문제는 조상의 뜻에 달린 것.

그런데 이런 고민 속에서 약삭빠르게 군달까, 결말에 이르러 지금까지 일어났던 모든 일이 꿈이었다고 주장하는 작품도 있다. 판타지동화(라고 주장하는 허무맹랑한 이야기)를 하다가 느닷없이 다 꿈이었다고 꽁무니를 빼는 거다. 아님 말고? 심지어 회심의 미소를 띤 채, 꿈인지 아닌지 모호하다고 말하는 작가도 (정말) 있다. 세상에나, 그건 반전이 아니라 사기다. 그건 열린 결말이 아니라 그냥 없는 결말이다. 결말이 없는 이야기, 그러니까 미완성이다. 남들에게 내보일 게 못 된다.

결말에 꿈은 절대 금지, 그냥 공식으로 외워 두기 바란다. 꿈으로 결말을 내리며 문학적 성취를 거둔 너무도 완벽한 예가 이미 존재한다. 서포 김만중의 『구운몽』. 꿈이라는 결말 자체가 작품의 주제이자 철학이다. 그 밖에도 꿈이 효과적인 경우가 있을 수도…… 있지만, 그래도 일단 금지. 무조건 금지. 그냥 외우자.

어린이를 독자로서 진지하게, 정직하게 대해야 한다. 더 잘될 거라 거짓말을 해서는 안 된다. 3할도 못 되는 타율에 허덕이며 실수와 실패와 상처를 반복함에도 불구하고, 또 한 번의 좌절에도 불구하고, 그럼에도 불구하고 일어설 수 있는 나에 대해, 너에 대해, 우리에 대해 이야기하는 것.

그것이 문학의 일이다.

11
{ 당신의 승부수는?: 창작의 전략 }

그리하여 참신한 아이디어에서 자라나 탄탄한 구조를 바탕으로 흥미진진한 이야기가 새로운 전망을 제시하는 작품을 구상했다,고 치자. 단지 시놉시스에 그치지 않고, 필설로 다할 수 없는 노력과 열정으로 작품을 완성했다,고 치자. 하늘도 울고 갈 노력과 열정과 재⋯⋯능?

그런데 안타깝게도 세상에는 문학에 열정을 품은 사람, 죽을힘을 다해 노력하는 사람이 너무 많다. 기발한 생각을 해내는 사람, 똑똑하게 자료를 잘 찾아내는 사람도 많다. 글을 잘 쓰는 사람이 너무너무너무너무 많다. 어째서인지 책을 읽는 사람은 줄어드는데, 쓰겠다는 사람은 늘어 가는 것 같다.

거기다 지금 한창 책을 내고 있는 작가, 이미 고전이나 다름없는 작품을 쓴 작가, 고전을 남기고 세상을 떠난 작가, 어느덧 전설이 된 작가도 있다. 국내 작가는 물론, 외국 작가의 작품도 계속 출간되고 있다.

창작이란 오롯이 혼자의 일이다.

그러나 책은 다르다. 책은 단지 나 혼자만의 무엇이 아니다. 앞서 언급한 대로 수많은 작가, 작품들 가운데 나의 책이 있다. 문학은 절대 평가의 영역이지만, 책은 상대 평가의 영역에 속한다. 하늘 아래 하나밖에 없는 책으로서 평가받고 선택받는 게 아니다. 대형 서점에 꽂힌 책들을 떠올려 보라. 표지가 보이게 누운 책 말고, 벽면 책장을 따라 나란히 꽂혀 있는 수천, 수만, 수십만 권의 책들.

세상의 모든 책은 그중 하나다. 저 혼자 외따로이 존재하는 책은 없다. 에디스 네스빗의 「야수들에 대한 책」에는 붉은 용을 비롯해 진귀한 야수들을 가둬 둔 '야수들의 책'이라는 마법의 책이 나오는데, 그 책마저 서재의 수많은 책 가운데에 놓여 있다.

혼신의 힘을 다한 당신의 이야기는 불과 그중 하나다. 그중 하나가 되는 것만도 쉬운 일은 아니다. 그렇다면 더더욱 혼신의 힘을 다해, 몸과 마음을 다 바쳐, 손톱에 피가 나도록…… 아니아니, 그러면 못써요. 누군가 다른 사람이 눈앞에서 그러고 있으면 감동을 받을까? 아니, 부담스러울 것이다. 눈을 피하고 싶을 것이다.

손톱에서 피를 내는 자해는 혼자서, 골방에서, 남몰래. 그리고 문학은 우아하게.

일단 작가는 자신의 이야기가 하늘 아래 둘도 없는 나의 진심이라는 생각을 버려야 한다. 그건 그냥 대형 서점의 수많은 책들 중 하나라는 사실을 알아야 한다. 세상에는 그보다 많은 책, 책이 되고 싶은 무수한 이야기가 있음을 똑똑히 인식해야 한다.

그리고 한걸음 뒤로 물러나 책장을 보라. 당신의 책이 보이는가? 반걸음만 물러나도 당신조차 당신의 책을 알아보지 못하는 건 아닌가? 그렇다면 어떤 책이 보이는가?

저만의 빛으로 반짝이는 책이 있다. 많은 책들과 나란히 꽂혀 있어도 어느새 눈길을 끄는 책, 저만의 의미로 빛나는 책.

『패티의 초록 책』은 간단히 말해 SF동화다. 지구가 더이상 사람이 살 수 없는 행성이 되었고, 사람들은 우주선에 나누어 타고 다른 행성으로 탈출한다. 출발은 이렇게 평이하지만, 이야기는 뜻밖의 방향으로 전개된다. 우주선의 공간적 제약 때문에 이삿짐의 항목과 양이 제한되는데, 그래도 가져갈 수 있는 항목 중에 책이 포함되어 있다. 단 한 권의 책. 그러고 나머지 책들은 지구와 함께 우주에서 영원히 사라지게 된다. 아이들은 신중에 신중을 거듭하여 가장 소중한 책을 고른다. 가장 어린 패티도 스스로 초록색 표지의 책을 고른다. 그런데 알고 보니 그건 속이 텅 빈, 그러니까 표지만 책처럼 근사한 공책이었다.

그렇게 패티네 식구들이 탄 우주선은 지구를 떠나 낯선

행성에 도착한다. 지구인이 살 수 있는 행성으로 알려져 있지만, 실제로 가 본 사람은 없는 곳이다. 다른 선택은 없다. 패티와 사람들은 낯선 행성에서 첫 숨을 쉰다. 어쨌든 살아남았다. 하지만 새로운 우주에서의 삶이 간단할 리 없다. 패티와 사람들은 이런저런 절망과 희망, 위기와 기적을 겪으며 마침내 새로운 우주에 정착한다. 그리고 감격스러운 역사를 기록하려고 패티의 초록색 공책을 펼친다. 그런데……. 이후는 직접 읽어 보시길.

여기까지만 봐도 짐작할 수 있을 것이다. 『패티의 초록 책』은 다른 SF동화와 확연히 다르다. 더 좋다, 더 나쁘다의 문제가 아니다. 일단 다르다(게다가 엄청나게 좋다). SF동화 하면 떠오르는 일반적인 인상들, 그러니까 뭔가 막 어둡고 차갑고 우울하고, 인생의 쓴맛을 알 만한 때라야 공감할 수 있을 것 같은……. 사이버틱한 화장을 하고 성미가 까탈스러운 작가가 어두운 방에서 썼을 것 같은……. 『패티의 초록 책』은 그런 빤한 인식에 놀라움을 준다. 이렇게 따뜻하고 신비로운, 그리고 연령대가 낮은 독자도 충분히 즐길 수 있는 SF가 있구나! 이야기 자체도 훌륭하다. 게다가 SF동화들 속에 섞어 놓고 보면 더더욱 빛난다. 자신만의 빛으로.

사실 『로봇의 별』을 출간할 때, 많은 사람들이 세 권으로 출간하는 것에 반대했다. 한국에서는 SF가 잘 안 되고, 세 권짜리 어린이책도 부담스럽다는 이유였다. 충분히 일리 있는 지적이라고 생각했지만, 나는 그대로 밀어붙였다.

『로봇의 별』을 구상하고 집필하는 동안, 기존의 SF동화에 대해 아쉬웠던 부분은 좀 소품 같다는 점이었다. 아이들은 이미 장대한 SF영화나 웹툰을 보고 있는데, 그에 비해 SF동화는 소재도 배경도 이야기도 아기자기한 것 같았다. 그런 SF동화가 잘못되었다는 뜻은 물론 아니다. 다만 한쪽으로 쏠려 있다는 점이 아쉬웠다는 얘기다. 낸시 파머의 『전갈의 아이』나 매들렌 렝글의 『시간의 주름』과 같이 스케일이 큰 작품도 있지만, 그런 건 어린이 독자에게 너무 어려워 보였다. 나는 청소년이 아니라 확실히 어린이를 주 독자층으로 하는, 그러니까 4학년 이상의 어린이가 읽을 수 있으면서 SF영화나 만화처럼 스케일이 큰 동화를 쓰고 싶었다. 그래서 나는 과학에 대해 관심과 지식이 많은 4학년 남자아이를 내포독자로 삼았고, 무려 세 권의 동시출간을 밀어붙였다. 만약 그냥 한 권씩 냈으면 책이 더 잘팔렸을까? 그럴 수도 아닐 수도 있다. 책을 내는 일에서 가정은 무의미하며, 이는 인과에 따르는 일도 아니다. 그럼에도 내가 확신하는 건, 다시 돌아가도 나는 똑같은 선택을 할 것이라는 점이다. 그게 『로봇의 별』을 기존의 SF동화와 다르게 만들기 위한 나의 전략이었다.

『최기봉을 찾아라!』는, 대개의 동화와는 달리 어린이가 아닌 어른을 주인공으로 세웠다. 어른 그러나 어린이에게 익숙한 어른인 선생님. 그것도 권위적인 중년의 남교사를 우스꽝스럽게 그리면서 어린이들의 흥미를 이끌어 냈다.

『샐리 존스의 전설』은 생태주의 메시지를 전하는 작품인데, 인간에게 포획되어 갖은 고초를 겪는 고릴라의 일생을 짐짓 평전처럼 진지한 일대기로 그려 내었다. "비바람 불고 천둥 번개 치던 어느 날 밤"으로 시작하는 도입부는 『홍길동전』과 같은 영웅 서사의 그것과 닮았다. 그렇게 생태주의라는, 자칫 교훈적으로 느껴질 수 있는 주제를 독특하고 흥미로운 이야기로 풀어냈다.

단편집을 구상할 때도 각각의 작품만이 아니라 단편집 전체에 대한 전략이 필요하다. 『짜장면 불어요!』와 『영두의 우연한 현실』을 구상할 때 나의 전략은 단순하고 명료했다. 다양한 실험! 그때껏 볼 수 없었던(이라고 내가 생각한) 단편을 선보이고 싶었다. 그렇게 「3일간」과 「영두의 우연한 현실」이라는 작품이 나왔다. 그와는 달리 『오늘의 날씨는』은 잔잔한 단편으로 구성하고 싶었다. 그러다 자칫 심심해질까 봐 걱정이 되어서 연작동화집이라는 전략을 세웠다. 네 명의 아이, 네 개의 계절, 네 개의 이야기.

『다슬기 한 봉지』는 경상남도 양산이라는 지역색으로 독창성을 훌륭하게 확보했고, 『살아 있는 모든 것들』은 인간과 자연의 교감이라는 주제로 열두 편의 단편을 멋지게 엮었다.

만약 환상동화집을 계획했다면? 현실이 아닌 이야기라고 모두 환상은 아니거니와, 환상이라는 단순한 개념은 전략이라 하기 어렵다. 『피터의 기묘한 몽상』과 『하라바라 괴물의 날』은 환상적인 단편동화를 모은 작품집이지만 그 성격이 전혀 다르다. 요즘 들어 말이 안 되는 이야기를 써놓고 환상동화라 우기는 경우가 너무도 많은데, 아닙니다, 아니에요. 부디 훌륭한 환상동화집으로 눈을 한껏 높이고 기발한 창작의 전략으로 근사하고 새로운 작품을 선보이길 바란다.

창작에는 전략이 필요하다. 이야기를 써서 책상 서랍에 넣어 둘 게 아니라면.

의도가 있어서가 아니라 어쩌다 보니 전략적인 책이 되는 경우도 있다. 짐작건대, 『도토리 사용 설명서』의 공진하 작가는 책에 대한 전략적 사고 끝에 유진이라는 독창적인 주인공을 생각해 내지 않았을 것이다(790원, 아니 7,900원을 걸겠다). 결과적으로 그런 이야기가 탄생한 것이다. 그렇다고 소가 뒷다리…… 운운할 일은 결단코 아니다. 경로는 다를지 몰라도 결과는 같다. '도토리'라는 새로운 인물상은 기존의 동화 속 장애아동에 대한 작가의 문제의식에서 탄생했을 것이다. 그렇게 멀리서 자신의 책이 꽂힐 책장을 살펴보고서 자신의 이야기가 나아갈 바를 정한 것이다.

전략적인 것이어도 좋고, 결과적인 것이어도 좋다. 엇비슷한 책들로 빼곡한 책장에서 저만의 빛으로 반짝거려야 한다.

『초정리 편지』이후, 이름 모를 어린이가 등장하여 역사적 사건을 겪어 내는 여러 작품들이, 무수한 원고들이 이어졌다. 하지만 그 어떤 작품도 비슷한 방식으로는『초정리 편지』를 압도할 수 없다.『초정리 편지』는 이전과는 전혀 다른 유형의 역사동화를 만들어 냈다. 배유안 작가가 기존의 국내외 역사동화를 분석하고 연구하여 전략을 세웠을까? 그건 잘 모르겠으나, 그에 필적하는 고민 끝에 새로운 유형의 역사동화를 탄생시킨 것이다.『초정리 편지』와 유사한 역사동화들이 줄지어 출간되었고, 그중에는 상업적인 성공을 거둔 작품도 있다. 그러나 대표 선수는『초정리 편지』다. 그건 그냥 고정된 불변의 사실이다. 그 이후의 역사동화들은『초정리 편지』를 의식해야 한다. 더 잘 쓰겠다? 그건 모든 작가가 작품을 대하는 기본자세다. 작품에 대한 전략적 사고는 더 잘 쓰겠다가 아니라 다르게 쓰겠다는 고민이다.

그런데 안타깝게도『초정리 편지』를 습자지로 베낀 듯한 역사동화가 많다. 그래 놓고 어찌하여 시대는 나를 몰라주느냐고 피 토하듯 울부짖는 사람들도 있는데, 아닙니다. 시대가 그대를 몰라주는 게 아니라, 그대가 시대를 몰라주는 것이니⋯⋯.

『꼬부랑 할머니는 어디 갔을까?』는 익숙한 우리 옛이야기를 새롭게 해석하여 창작한 단편동화집이다. 그간 옛이야기와 동화를 접목시키려는 시도는 꾸준히 있어 왔다. 원

형에 가깝게 다시 쓰기만 하는 경우도 있고, 현대적인 배경의 이야기에 옛이야기 캐릭터만 데려다 놓는 경우도 있다. 옛이야기의 화자와 내러티브만 활용해서 완전히 새로운 이야기를 쓰는 경우도 있다. 『꼬부랑 할머니는 어디 갔을까?』의 작품들은 그중 어떤 종류라고 딱히 말할 수 없이 독창적이다. '오, 옛이야기 좋은데!'라며 무턱대고 옛이야기를 가져다 열심히 쓴다고 결과물이 좋지는 않다. 옛이야기를 활용하고 싶다면, 이미 나온 옛이야기 관련 작품을 모조리, 전부, 깡그리 다 읽고서 자신이 할 수 있는 선택을 고심해 봐야 한다.

가출 이야기도 그렇다. 동화에서 '가출'은 흔히 다뤄지는 소재인데, 좋은 '가출 동화'는 흔치 않다. 내가 보기에 최고의 수작은 뭐니 뭐니 해도 「펠레의 가출」 그리고 『클로디아의 비밀』이다. 두 작품은 내포독자가 판이하게 다르다. 가출의 목적과 의미도 다르다. 전혀 다른 빛깔의 열매를 맺었다. 확고한 목적과 의도를 가지고 결행하여 구체적이고 실감 나며 서사적인 가출 생활을 통해 의도한 바를 얻어 낸다. 그런데 아직도 '아, 학원 가기 싫어, 엄마 아빠랑은 말이 안 통해! 가출하자.' 이런 동기로 어쭙잖은 가출을 하고, 엄마 아빠가 놀라서 울며 달려오고, 아이는 엄마 아빠의 사랑을 뒤늦게 깨닫고……. 이어질 뻔한 이야기는 더 이상 말하지 않겠다. 기억하자. 우리에게는 이미 「펠레의 가출」과 『클로디아의 비밀』이 있다. 그렇다면 당신의 주인공의 가출은? 펠레의 가출부터 클로디아의 가출까지, 어린이 가출의 종류는 다양하다. 그중 어떤 가출이어야 하는지, 멀리서 조망하고 가까이서 분석하여 가장 좋은 전략을 찾아야 한다. 여기, 클로디아가 전략의 예를 보여 준다.

클로디아는 낡아 빠진 방식으로는 절대로 가출할 수 없다는 사실을 알고 있었다. 낡아 빠진 방식이란 홧김에 배낭 하나만 달랑 짊어지고 집을 나가는 것이다. 클로디아는 고생스럽고 불편한 건 딱 질색이었다. 심지어 소풍조차 구질구질하고 불편했으니까. 온갖 곤충이 몰려들고, 뜨거운 햇볕에 아이스크림이 줄줄 녹아내리는 꼴이라니. 따라서 클로디아는 단순히 집 밖으로 도망치는 것이 아니라, 어디론가 숨어들어가는 가출을 해야 한다고 결론지었다. 널찍한 곳, 편안한 곳, 지붕과 벽이 있으면서도 되도록이면 아름다운 곳으로. 그래서 클로디아는 뉴욕의 메트로폴리탄 미술관을 가출 장소로 정했다.[6]

『봉주르, 뚜르』역시 새로운 영역을 개척했다. 드물게 우리 동화의 배경을 한반도 너머로 확장했고, 그러한 시공간 속에서 남북한을 조망하고 있다. 프랑스의 뚜르라는 배경 자체가 새롭고 흥미로운데, 거기에 담아낸 이야기는 더욱 뜻깊다. 토시가 "조선민주주의인민공화국"이라고 말할 때, 짐작하고 있었는데도 가슴이 철렁했다. 이제는 그

말을 입에 담는 게 금기시되는 시대가 아닌데도 그 이름을 동화에서 쉽게 볼 수 없었다. 그런데 『봉주르 뚜르』가 뉴스에서나 듣던 그 이름을 나직하지만 또렷한 목소리로 호명했다. 우리 동화의 새로운 목소리였다. 한윤섭 작가는 우리 동화 전반을 두루 살핀 뒤 전략적으로 이 작품을 기획했을까? 확실한 것은 한윤섭 작가는 창작에 앞서 상당한 동화를 읽었다는 사실이다. 어느 인터뷰에서 말하기를, 동화를 쓰기 위해 3천 권의 동화를 읽었댔나, 읽으려고 했댔나…… 아무튼 그만큼 많은 동화를 읽고 고민한 속에서 『봉주르, 뚜르』라는 새로운 이야기가 탄생한 것이다.

그런데 『봉주르, 뚜르』 한 권을 달랑 읽고서, 나도 외국 배경으로 써야지! 허둥지둥 덤벼드는 사람들이 많다. 『봉주르, 뚜르』처럼 외국을 배경으로 하되, 지극히 한국 대단지 아파트 같은 재미없고 의미 없는 동화를. 그런 걸 전문 용어로? 정답! 짝퉁이다.

『초정리 편지』나 『봉주르, 뚜르』만이 아니다. 많은 사람이 이미 상업적으로 또는 비평적으로 성공한 작품을 모방한 듯한 작품을 쓴다. 앞부분만 읽어도 뭘 의도했는지 짐작이 간다. 의도, 단지 의도만 보일 뿐이다. 당연히 하품이 난다. 피부를 까맣게 태운다고 이효리가 되는 것도 아니고, 앞가르마를 탄다고 이정재가 되는 것도 아니지 않은가.

내가 처음으로 쓴 동화는 「봄날에도 흰곰은 춥다」였다.

다 써 놓고 나니 어찌나 뿌듯하던지. 당시에 '동화읽는어른' 모임에서 동화를 꾸준히 읽고 있던 친구에게 원고를 보였다. 초조하고 불안하고 긴장된 시간이 지나고, 마침내 친구는 나에게 이렇게 말했다. 너 잘 쓴다. 박기범 같다.

나는 그 말에 정신이 번쩍 들었다. 잘 쓴다는 말은 들리지도 않았다. 박기범 같다고? 습작을 하며 박기범의 『문제아』를 재미있게 읽기는 했다. 『문제아』는 내가 응모하려는 '좋은 어린이책 원고 공모' 대상을 받은 작품이기도 했다. 친구의 말을 듣고 정신이 번쩍 들었다. 다르게 써야 했다. 설사 그 친구 말대로 내가 잘 쓴들, 누구누구 같다는 말 따위 듣고 싶지 않았다. 그래서는 안 될 것 같았다. 고심 끝에 다음으로 쓴 작품이 「우리들의 움직이는 성」이었다. 이번에는 친구가 누구 같다는 말을 하지 않았다.

그때 내가 어떻게 그런 생각을 했는지 모르겠다. 누가 알려 준 것도 아니었다. 대단한 전략적 사고를 한 것도 아니었다. 내 성향이 본디 그렇다. 남들이 다 올림픽대로로 가면, 어쩐지 나는 강변북로로 가고 싶어지는. 남들이 제주도를 가면, 어쩐지 나는 백령도로 가고 싶어지는.

다른 작품의 뒤꽁무니를 따라 다녀서는 결코 독창적인 작품을 쓸 수 없다. 다른 작품에 대해 모르는 채 자기 노트북만 들여다보는 것도 마찬가지다. 다른 작품은 나를 비추는 거울이다.

그런데 SF동화를 쓰겠다고 내게 호기롭게 말하면서 『로봇의 별』은 아직 못 읽었다는 사람도 있다. 그런 책이 있었냐고 그때서야 반색하는 사람도 있다. 『로봇의 별』이 대단한 교과서라는 얘기가 아니다. 작품의 내적 완성도나 호불호를 떠나, 앞선 작품들을 살펴야 한다는 뜻이다. 지금 인공지능 로봇에 대해 이야기하려면 적어도 『로봇의 별』보다는 앞서 나가야 하지 않겠는가. 혹은 달라야 하지 않겠는가. 그게 아니라면, 어쨌거나 이미 그런 책이 있는데 굳이 또 비슷한 책이 있어야 할 이유가 뭐란 말인가. 나무야, 나무야, 우리가 미안해.

이런저런 곳에서 동화 창작 강의를 하며 습작하는 분들을 많이 만났는데, 이 글을 쓰고 있는 지금껏 나보다 동화를 많이 읽은 사람은 한 명도 보지 못했다. 내가 기성작가라서 그런 건 아니다. 나는 등단을 하기 전에 지금보다 훨씬 열심히 읽었다. 어쩌다 동화 창작 강의를 듣게 된 학생이라면 앞서 나온 책을 잘 몰라도 이해가 간다. 그런데 몇 년째 습작을 계속하고 있는데도 그런 분들이 많다. 그렇다고 딱히 다른 분야의 책을 읽는 것 같지도 않고.

그 어떤 책도 읽으면 도움이 된다. 좋은 작품은 문학에 대한 좋은 상을 그리게 해 준다. 나쁜 작품의 가르침은 그보다 구체적이다. 이래서는 안 된다는 뼈저린 교훈. 읽고 읽고 또 읽어야 한다. 그래야 스스로 독창적인 아이디어라고 마냥 들뜨는 대신 이미 998권쯤 비슷한 책이 있다는 걸 알 수 있고, 둘도 없이 특별한 사연이라 생각하는 그 경험담과 닮은 이야기가 이미 9,998번쯤 되풀이되었다는 것도 알 수 있다. 너무나 새롭다고 자부하는 그 이야기는 지난달에 출간되어 한창 호평을 받는 바로 그 책과 닮았다는 걸 알게 되고, 너무나 감동적이라고 믿고 있는 그 이야기는 베스트셀러 목록에서 빠지지 않는 기성작가의 망한 졸작과 똑같다는 걸 알게 된다.

가슴이 쓰라릴 일이지만, 알아야 한다. 그래야 원고를 완성하고 나서, 공모에서 똑 떨어지고 나서, 책이 나오고 나서 땅을 치고 후회하는 일을 막을 수 있다.

강의를 듣는 것도 좋고, 습작도 필요하다. 그렇지만 가장 기초가 되는 것은 독서다. 사실 이걸 따로 언급하고 있다는 사실 자체가 우스운 일이다. 글을 쓰겠다고, 그것도 자신이 쓴 글을 책으로 내겠다고 마음먹은 사람이 평소에 독서 말고 뭘 할까? 책 말고 달리 무슨 재미있는 일이 있을까?

언젠가 어느 강의 뒤풀이에서 사람들이 도서정가제를 화제로 삼으며 책값이 비싸다고 투덜대서 깜짝 놀란 적이 있다. 책값이 비싸다고? 나는 여태 그런 생각을 한번도 해 본 적이 없다. 내 주머니 사정상 부담이 될 순 있지만, 책값이 비싸다거나 아깝다고 느낀 적은 없다. 지금도 나는, 그리고 책을 만드는 많은 사람들은 인터넷서점의 상위 0.01퍼센트 이상의 초상류층 고객님들이다. 지난번에 이사를 하는데, 몽골인 청년이 서툰 한국말로 내게 물었다.

사모님, 책이 왜 이렇게 많아요? 내가 책 만드는 사람이라서 그렇다고 하자 청년은 고개를 끄덕……이려다, 문득 고개를 저으며 다시 말했다.

그래도 이건 너무 많아요.

어떤 때는 내가 책을 사는 걸 좋아하는지, 책을 읽는 걸 좋아하는지 모르겠다. 아무튼 기억이 허락하는 가장 오래된 날로부터 지금껏 내게는 책이 가장 좋고 귀하고 재미있고 각별하다. 책을 읽는 일 또한 그러하다.

그런 사람들이 글을 쓰고, 책을 내고자 한다. 동화 쓰기의 스텝이라나 뭐라나, 아리송한 소리에 귀 기울이고 있다. 그런 마음으로 간절히 바라면 온 우주가 도와줄……리는 없다. 앞서 말했듯이 그런 사람들이 넘쳐 나는 곳이 바로 책 동네다.

그중 단 한 권의 책, 더 이상 꽂을 자리가 없을 만큼 빽빽한 책 동네에서 기어이 틈새를 벌려 자리를 만들어 낼 수 있을 만한 책을 쓰리라.

그만한 야심과 포부로 책장을 살펴보기 바란다. 희망적인 소식은, 아직 빈자리가 남아 있다는 사실이다.

12

{ 밀고 당기기의 기술: 쓰기 }

잠깐.

그래도 차분히, 진정하자. 설사 세간을 놀라게 할 이야기를 찾았다고 해도, 일단 진정해야 한다. 진정성 넘치는 사연으로도 입 한번 못 떼고 물러나야 했던 슬픈 이야기꾼 자매를 알지 않는가. 장화와 홍련이라고.

사또의 입장에서 생각해 보자. 늦은 밤, 서늘한 바람이 돌연히 방 안으로 몰아치며 촛불이 꺼진다. 그 순간 초록 저고리에 붉은 치마를 입은 처녀가 파르스름한 낯빛으로 머리를 풀어헤치고 불쑥 나타난다. 그러고는 대뜸 억울하고 원통하다고 입술을 파르르 떨었으니, 얼마나 겁이 났겠는가. 놀라서 심장이 멎을 만도 하다. 사연이고 뭐고 돌아앉고 싶어질 수밖에.

장화 홍련 입장에서 생각해 보면 그렇다. 억울하고 분

해서 견딜 수가 없는데, 그걸 풀어 줄 사람을 찾았다고 생각하니 생면부지의 상대에게 퍼런 낯빛을 그대로 내보인 것이다. 그러니 상대가 기함을 하고 심장마비로 쓰러질 밖에.

그로부터 수백 년, 아직도 장화 홍련 못지않은 조급함으로 독자를 뒷걸음치게 만드는 경우가 있다. 많다. 애정 결핍 증상에 시달리는 사람처럼 누가 조금 관심만 보여도 허겁지겁 허둥지둥 있는 말 없는 말 다 쏟아 내는 것이다.

침착하게, 차분하게, 냉정하게.

이야기를 완성했다고 그걸 덥석, 보따리째 내놓으면 안 된다. 허겁지겁 보따리를 풀어 놓아서는 안 된다. 고수들이 포커를 치듯, 연애를 하듯, 상대를 밀었다 당겼다, 밀었다 당겼다…….

우선 차분해져야 한다. 제아무리 대단한 사건이 예정되어 있다 해도, 작가는 담담해야 한다. 어떤 일이 일어날지 모르는 사람처럼 해야 할 말만 해야 한다. 그렇게 독자를 궁금하게 하고, 궁금증이 다 풀리기 전에 한발 물러나야 한다. 다시 조금 더 궁금하게 하고, 그 궁금증이 다 풀리기 전에 또 물러나야 한다. 그렇게 작가가 주도권을 잡고 독자를 조금씩 이끌어 와야 한다. 당기고 밀고 당기고 밀고 당기고 밀고 당기고 밀고……. 독자가 애를 태우며 이야기를 따라와 인물과 함께 절정을 맞이해야 한다.

물론 작가는 모든 걸 알고 있다. 이야기에서 드러난 것이상으로 알고 있어야 한다. 그렇다고 그걸 다 털어놓으려 해서는 안 된다는 얘기다. 극적 질문에 따라 이야기를 전개하며 딱 필요한 만큼, 독자의 궁금증보다 조금 '덜' 알려 주어야 한다.

우리가 실제로 사람을 만났을 때도 그렇다. 만나자마자 출생의 비밀부터 프로이트적 트라우마까지 다 털어놓는 사람은 부담스럽다. 도무지 마음이 가지 않는다. 상대의 사연이 딱하게 느껴진대도 그렇다. 아직 서로 익숙해지기도 전에 낯선 상대가 눈물부터 쏟는다면, 뜨악한 기분이 들 뿐이다. 다음에는 자리를 피하리라, 일단 번호부터 수신 거부 처리하리라 마음먹으며.

심지어 관심 있는 이성을 만나도 그렇다. 저 사람이랑 한 번 더 만날까, 말까? 나는 그 정도 극적 질문을 가지고 있는데, 상대가 사실 우리는 전생에서 절절한 사랑으로 맺어진 운명이라며 다이아몬드 반지를 내밀면 누구나 질겁하게 된다. 나는 아직 전생까지 관심을 갖지 않았다. 궁금하지도 않은 정보를 쏟아 내는 건 설레발밖에 안 된다. 다른 용어로는 주책바가지.

이야기도 마찬가지다. 작가가 이야기를 하고 싶어 몸이 달아서는 안 된다. 우리가 아쉬울 게 뭐가 있는가(그런 척하자). 작가는 정말로 재미난 이야기를 다 알고 있지만, 독자님 하는 거 봐서 조금씩 들려주겠다는 태도를 가져야한다.

극적 질문에 따른 사건 전개에만 충실하면 된다. 담담하고 차분하게 사건에 대해 이야기하면서 필요에 따라 숨은 사연을 조금씩 이야기하는 거다. 들떠서 허겁지겁 다 털어 놓다가는 장화 홍련 취급을 받게 된다.

『쑤우프, 엄마의 이름』은 결국 눈물을 쏟지 않을 수 없는 이야기지만, 작가는 시종 담담하고 차분하다. 짤막한 프롤로그를 지나 이야기는 이렇게 시작된다.

내가 아무것도 모르던 때부터도 확실하게 알고 있던 한 가지 사실은 나에게는 아빠가 없다는 것이다. 엄마와 버나뎃 아줌마가 있었고, 나는 두 분으로 충분했다.[7]

이것만으로도 주인공 하이디의 환경은 이미 범상치 않다. 그러나 작가는 미주알고주알 한꺼번에 사연을 다 털어 놓지 않는다. 감정의 군더더기도 없다. 거의 사무적인 태도로 기본 조건만 밝힌다. 그리고 사건이 진행되면서 조금씩 구체적인 사연이 드러난다. 하이디의 엄마는 자신의 이름도 모르는 중증의 지적장애인이고, 유일한 가족이나 다름없는 버나뎃 아줌마는 심각한 광장공포증을 앓고 있다. 대체 세 사람이 어떻게 가족처럼 지내게 됐을까? 독자가 궁금해해도 작가는 모르는 척 담담하게 할 말만 한다. 일상의 풍경을 그리면서 조금씩 단서를 흘리다, 마침내 하이디가 서랍 아래에서 오래된 사진을 찾아내게 한다. 극적 질문이 던져졌다. 엄마는 누구일까? 그건 곧 나는 누구일까라는 질문이다.

하이디는 엄마의 과거를, 자신의 뿌리를 찾아 나선다. 그렇게 하이디가 마주하게 된 것은 너무도 기막히고 슬프고 감동적인 진실이다. 그러나 이야기는 시종 담담하게 진행된다. 하이디가 진실과 함께 가슴이 미어지는 소식을 들었을 때조차 작가는 감정을 쏟아 내지 않는다.

나는 그때 갑자기 깨달았다. 내가 서랍 속에서 꺼낸 슬프디슬픈 안개는 루비 아주머니를 찾아온 게 아니었다. 나를 찾아온 것이었다. 안개가 그 얼음장 같은 손가락으로 내 가슴을 옥죄었을 때 루비 아주머니가 낮은 목소리로 중얼거렸다.

"불쌍한 것, 불쌍한 것, 불쌍한 것."[8]

슬픔의 절정은 그렇게 묘사되고 바로 장이 바뀐다. 독자에게 슬픔을 구구하게 떠벌리지 않는다. 같이 슬퍼해 달라고 조르지도 않는다. 하이디의 마음을 담담하게 서술한 뒤, 작가는 자리를 비켜 준다. 독자가 홀로 슬퍼할 수 있도록, 홀로 눈물 흘릴 수 있도록. 하이디와 둘이서 슬픔을 나눌 수 있도록.

앞에서 작가는 주인공의 세계에 대해 아주 많은 것을 알아야 한다고 누누이 강조했다. 그렇다고 그걸 다 말하라는 뜻은 아닌 것이다. 알고 있되, 필요한 만큼만 말해야 한다. 거대한 빙산을 창조하되, 그 가장 아름답고 날카로운 일각만 내보여야 한다.

문체에 대해 고민하는 사람들이 있다. 문장에 대해 걱정하기도 한다. 하지만 문체와 문장은 이야기와 별개의 문제가 아니다. 이야기가 문체를 만들고 문장을 자아낸다.

이야기가 먼저, 문장 혹은 문체는 그 결과다. 백일장에서 장원깨나 했던 자신감인지 모르겠지만, 이따금 문장으로 승부를 보겠다는 식으로 덤비는 사람들이 있다. 절대 안 될 말이다. 뛰어난 문장력으로 승부하겠다? 그 정도라면 진짜 천재적인 문사라는 얘긴데, 그렇다면 진작 뭐가 되어도 되었을 것이다. 설사 그런 문장력을 가졌다 해도 (아니라니까요), 제대로 된 이야기가 아니고서야 그 문장이 빛을 발하기 어렵다.

그러니 문장력으로 승부하겠다는 생각은 물론, 문장이나 문체로 멋을 부리겠다는 생각도 버리는 게 좋다. 아름다운 문장에 대한 환상을 버리시라. 미련을 가질 필요가 전혀 없다. 100퍼센트 장담할 순 없으나, 99퍼센트, 아니 99.999999퍼센트 확신하고 하는 말이다.

핵심은 이야기다. 작가가 확신을 가지고 이야기를 장악하는 게 중요하다. 이야기에 자신이 있으면 힘 있는 문장이 나오게 마련이다. 이야기에 대한 입장이 분명하면 그런 태도가 배어 나오는 문장, 즉 문체가 만들어지게 마련이다. 확실한 입장을 가지고 이야기를 차분하게 전하면 된다. 되도록 어법에 맞는 문장으로 정확하게 표현하면 된다.

문장도 문체도 억지로 만들어 낼 수 있는 게 아니다. 문장은 이야기에 대한 장악력에서 나오고, 문체는 이야기에 대한 태도에서 나온다. 일어난 일을 이야기할 때도 그렇지 않은가. 그 사건에 대한 내 입장에 따라 이야기를 전하는 내 태도가 달라진다. 말투, 표정, 사용하는 단어, 문장을 잇는 방법……. 내가 좋아하는 사람이 저지른 나쁜 짓을 말하는 태도와, 내가 싫어하는 사람이 얻은 행운을 말하는 태도를 생각해 보라. 그 태도의 차이는 인공적인 게 아니다. 저절로 배어 나오는 거다.

문장도 마찬가지다. 이야기를 이해하는 만큼 안정된 문장을 쓸 수 있다. 사람마다 문장력에 차이는 있다. 목표는 최고의 문장가가 되는 게 아니다. 내가 가진 최고의 문장력을 구사하는 거다.

단편 「목초지에 있던 나무」는 리키의 슬픔을 이렇게 표현한다.

리키는 잠을 자러 가면서 창밖으로 목초지를 내다보았다. 밖이 많이 어두웠지만, 아직 어디가 하늘이고 어디가 아닌지는 알아볼 수 있었다. 하늘을 뒤로하고 서 있는 낡은 외양간이 시커멓게 보였다. 외양간과 리키 사이에는 아무것도

없었다. 목초지를 뚫어지게 바라보고 있자니, 리키는 눈물이 핑 돌았다.[9]

이 대목만 떼어 놓고 보면, 그야말로 평이한 내용이다. 일상에서 흔히 쓰는 말로 단순하게 구성된 문장이 이어지고 있다. 그러나 작품을 처음부터 읽어 나가면 이 대목이 그렇게 슬플 수가 없다. 작가는 리키에게 일어난 일을 정확히 알고 있다. 그 정경을 구체적으로 알고 있다. 그 시간이면 낡은 외양간의 모습이 어떻게 보이는지 알고 있다. 그것을 독자에게 담담한 목소리로 정확히 전했다. 그리하여 이 대목에서 독자는 리키의 마음을 이해하게 된다. 공감하게 된다. 외양간과 리키 사이에 아무것도 없는, 그 목초지의 정경이 눈앞에 그려지고 마음을 울린다. 이게 바로 명문장이다.

구구한 설명, 감정적인 호소, 기교를 부린 문장. 그건 허술한 이야기에 덧붙이는 눈속임이다. 다시금 강조하건대, 중요한 것은 이야기다. 작가가 인물의 진실을, 인물에게 일어난 일을 진심으로 이해하는 일이다. 그리고 인물에게 일어난 일을 독자에게 전하는 일이다.

담담하게, 차분하게, 정중하게.

13
{ 이토록 기나긴 메모: 어쩌면 동화 }

우선 축하드린다.

단순한 아이디어를 씨앗으로 주인공을 발굴하고 이야기를 짓고 플롯에 따라 글 한 편을 썼다. 마침내 기나긴 '메모'를 완성하셨다.

어머, 설마 동화를 썼다고 생각하셨나?

그럴 리 없다. 처음으로 마침표를 찍은 그 길은 아이디어라는 나침반에 의존해서 더듬더듬 찾아간 흔적을 이어붙인 것에 불과하다. 어쩌면 처음 생각한 곳에 도착했을 수도 있고, 전혀 엉뚱한 곳에 도착했을 수도 있다. 처음 생각한 그곳이 역시나 좋다고 느낄 수도 있지만, 뜻밖에 실망을 느낄 수도 있다. 엉뚱한 곳에 도착해 버리는 바람에 처음부터 다시 시작해야 할 수도 있고, 엉뚱한 곳에 도착했는데 뜻밖에 그곳이 아주 마음에 들 수도 있다. 첫 번째 마침표를 찍은 글이란, 그 과정에서 보고 들은 것들을 두서없이 적어 둔 것일 따름이다. 그러니까 메모, 아주 긴 메모다.

이것 자체로는 아무런 의미도 없고, 완성을 말할 수도 없다. 메모란 무언가를 위해 존재하는 것이다. 초고라는 이름의 메모는 원고라는 결과를 위한 준비일 따름이다.

아이디어? 그거야말로 책 동네에서 만고에 쓸데없는 것이다. 자칫하다간 사람의 영혼을 해칠 위험마저 있다. 나한테는 좋은 아이디어가 있어…… 있어…… 있어…….

그래서? 그 아이디어라는 걸 대체 어디다 쓴단 말인가. 그건 전설처럼 존재하는 고향 집 안방 속 금송아지 같은 허깨비다. 그런데 이토록 기나긴 메모에 마침표를 찍었다면, 어쨌거나 달빛 하나 없는 밤길을 더듬더듬 어찌어찌 정상에 오르긴 했다는 뜻이다. 그건 정말 대단한 성과다. 이제 아침이 밝았다. 정상에 올랐으니 지난 길이 한눈에 들어온다. 지리 감각이 있는 사람이라면 단숨에 사방의 형세를 꿰뚫을 테고 그렇지 못한 사람이라면 여전히 어리둥절하겠지만 그래도, 지나온 길을 한눈에 볼 수는 있다.

보람찬 시간을 보내긴 했지만, 고작 그런 흔적을 어디다 내보이겠는가. 나만의 길이라고 주장하기에는 한참 멀었다. 그렇다고 헛수고는 아니다(헛수고일 수도 있다). 지난밤의 경험을 토대로 이번에는 전략적으로 경로를 짤 수 있다. 그래야 한다. 어둠 속에서 막연히 높은 곳을 향하는 게 아니라, 전체를 조망하는 가운데 정확한 목적지를 향해 전략적으로 길을 잡아야 한다.

이제 또 하나의 기나긴 메모를 끝낸다.

동화 쓰기의 기본 스텝이라는 아이디어를 씨앗으로 삼아 더듬더듬 밤길을 걸어 여기까지 왔다. 정상에 올라 뒤를 돌아보니 지나온 길이 어수선하다. 하지만 괜찮다. 이토록 기나긴 메모를 손에 들고 처음으로 돌아가 다시 출발하면 된다.

지금껏 나는 이렇게 해 왔다.

우선 이토록 기나긴 메모를 출력하여 책상에 올려 둔다. 그리고 일상으로 돌아와 청소하고 빨래하고 밥하고 책 읽고 야구 보고 친구 뒷담화를 하고 쇼핑을 하고 개 산책을 시키……면서 틈틈이 메모를 들여다본다. 그리고 생각나는 대로 메모를 덧붙이고, 필요하면 자료를 더 찾아본 뒤 메모에 추가하기도 한다. 그리고 굳은 어깨가 좀 풀어질 무렵이 되면, 그렇게 메모에 메모를 더한 메모를 앞에 두고 원고를 쓰기 시작한다.

메모는 그야말로 메모, 처음부터 완전히 새로 쓴다. 사실 주인공만 빼고 전면적인 대공사다. 리모델링이나 인테리어가 아니다. 말하자면 레고로 지은 집을 완전히 허물고 다시 짓는 셈이다. 이를테면 처음에는 '차'를 만들겠다는 의도로 레고를 쌓았다. 그게 메모다. 그리고 뒤로 한발 물러나 보니 레미콘을 닮은 것도 같고, 소방차를 닮은 것도 같다. 그런 메모를 보고 또 보며 판단을 해야 한다. 덤프트럭이 끌리면, 그렇게 결정해도 좋다. 아무튼 레미콘인지 소방차인지 덤프트럭인지 모호한 메모를 찔끔찔끔 고쳐서는 제대로 만들기 어렵다.

그래서 나는 완전히 허물어 버린다. 괜찮다. 내 손에는 형형색색의 블록이 잔뜩 들려 있고, 내 머릿속에는 덤프트럭이라는 계획이 있다. 이번에는 계획에 따라 다시 쓴다. 처음부터, 제목부터. 시점을 완전히 바꾸어 보기도 하고, 주요 인물들의 역할을 바꿔 보기도 한다. 플롯을 바꾸거나 결말을 다시 고민해 보기도 한다.

그렇게 완성한 초고를 다시 출력해서 책상에 올려놓고, 출판사에도 보낸다. 그리고 출판사의 의견과 나의 새로운 의견을 초고에 메모한다. 메모에 메모를 더한 메모를 참고로 쓴 초고에 메모를 더한다. 그것을 앞에 두고 수정고를 쓴다. 처음부터.

대개 이 수정고를 기반으로 일러스트 작업이 진행된다 (이 과정을 한두 번 더 되풀이한 적도 있다). 그동안 나는 교정을 본다. 1교, 2교, 3교……. 『로봇의 별』은 7교까지 봤던 기억이 난다. 대체 언제 멈춰야 하느냐고?

더 이상 할 수 없을 때까지.

나는 매번 그렇게 동화를 써 왔다. 단 한 번도 쉬웠던 적이 없다. 헤매지 않은 적도, 힘들지 않은 적도 없다. 그래도 남들 앞에서는 허세를 부리고 싶다.

만날 치킨과 맥주에 야구나 보고 노래방이나 다니다 왼손으로 쓱 쓰면 동화가 되던데? 몰라, 그냥 막 문장이 술술 떠올라. 넌 안 그래? 어쩌면 남들이 좀 속아 줄 것도 같다. 내 인상이 좀 그래 보인다고도 한다. 괴팍한 천재, 모름지기 예술가라면 그쯤은 되어야 하지 않나. 그게 멋져 보이기는 한데, 아무래도 난 그런 사람이 아니다. 사실 그런 사람이고 싶은 마음도 그다지 없다.

나는 노동을 하는 사람이다.

2006년에 등단했으니까 어느덧 10년이 넘었다. 그동안 동화는 열두 권을(두세 권짜리를 하나로 친다 해도), 청소년소설은 여섯 권을, 그 밖에 어린이 지식정보서 몇 권을 썼다. 이 글이 책이 되는 동안 작품이 추가될 예정이다.

그러는 동안 내가 '예술'을 한다는 생각은 별로 없었던 것 같다. 나는 예술에 몸이 달아 글을 쓰게 된 종류의 사람이 아니다.

처음부터 이 일은 나의 밥벌이였다. 나는 노동을 하는 사람, 글을 쓰는 일로 밥을 벌어먹는 사람이다. 내가 쓴 글이 나를 먹였고 내 새끼를 키웠다. 그래서 나는 온 힘을 다해 글을 썼다. 이건 나의 노동이니까, 밥벌이니까. 예술적인 열망이 아니라 직업적인 책임감이었다. 밥의 가치로 갈음할 순 없겠지만, 최소한 밥의 가치에 보답하는 글을 쓰고 싶었다.

나는 사실 '창작의 고통'이라는 말에 알레르기 반응이

있다. 그건 어리광이라는 생각이 드는데, 어리지 않은 사람의 어리광은 꼴불견이 아닌가 생각한다. 창작의 고통이라, 물론 글을 쓰는 것은 결코 쉬운 일이 아니다. 힘든 순간이 많다. 그렇다고 그게 뭐 유별난 고통인지는 잘 모르겠다. 춥고 더운 날 한데서 일하지 않아도 되니 이만하면 괜찮지 않나.

원래 노동은 힘들다. 그래서 이름부터가 노, 동. 여기서 '노'勞자에는 일한다는 뜻만 아니라 고달프다, 힘들다라는 뜻도 포함되어 있다.

어떤 작가들은 입이 안 떨어진다는데, 나는 돈 얘기를 (비교적) 수월하게 꺼내는 편이다. 강연을 요청하면서 "선생님, 아이들이 선생님을 너무너무 만나고 싶어 해요"라고 벅차게 말씀하시는 분에게 "강연료는 얼마인가요?"라고 그냥 묻는다. 그게 뭐 어떤가? 나는 노동의 대가를 원한다.

다만 노동의 대가를 원할 뿐, 일확천금 따위를 바란 적은 없다. 글쓰기는 정직한 노동이지, 사행성 투기가 아니다. 나는 사실 "대박"이라는 말이 아주아주 싫고, 책을 두고 그 말을 쓰는 건 더더욱 싫다.

요즘 세상에 이런 생각은 촌스러운지도 모르겠지만, 어쩌겠는가. 나는 촌스러운 옛날 언니, 고집 센 20세기 사람이다. 이런 채로 정직하게 성실하게 보람차게 나의 노동으로 밥을 벌어먹고 살아야지.

고맙게도 나는 내가 좋아하는 노동으로 밥을 벌고 있다. 나의 노동을 사랑한 덕분에 어느덧 기술도 익히게 되었다. 잘하면 이 기술로 예술이 가능할지도 모르겠다.

슬로 퀵퀵 슬로.

예술은 스텝에서 시작된다. 일단 조명도 드레스도 파트너도 없이 운동복 차림으로 슬로 퀵퀵 슬로.

이것은 스텝에 관한 책이다.

---

1 **거짓말이 가득** 오카 슈조 글, 노석미 그림, 고향옥 옮김, 창비, 2009
   평범한 일상을 흔드는 뜻밖의 사건을 통해 삶의 비밀을
   알아 가는 아이들의 진솔한 목소리.

2 **검은 여우** 베치 바이어스 글, 김우선 그림, 햇살과나무꾼 옮김, 사계절, 2002
   한 달간 억지로 시골에서 지내게 된 도시 소년과 검은 여우의
   만남. 아름다운 문장으로 그려 내는 야생의 숭고함.

3 **구스베리 공원의 친구들** 신시아 라일런트 글, 아서 하워드 그림, 원지인 옮김,
   보물창고, 2008
   구스베리 공원이라는 구체적인 시공간을 배경으로 펼쳐지는
   여러 동물들의 모험과 사랑. 행복한 결말을 예고하면서도
   흥미와 긴장감을 잃지 않는 탄탄한 동화적 구성.

4 **그래도 즐겁다** 김옥 글, 국민지 그림, 창비, 2015
   현직 초등교사 작가가 그려 내는 현장감 넘치는 초등학생
   보고서. 네 아이가 들려주는 이야기 네 편으로 구성된,
   우리 동화에서 흔치 않은 연작동화집. 같은 작가의 『청소녀
   백과사전』(낮은산)도 함께 읽어 보기를.

5 **금두껍의 첫 수업** 김기정 글, 허구 그림, 창비, 2010

구성진 이야기맛이 돋보이는 판타지동화집. 기발한 상상과
능청스러운 전개로 그려 낸 짧고도 빛나는 단편들.

6   **금이 간 거울** 방미진 글, 정문주 그림, 창비, 2006
표제작 「금이 간 거울」은 독보적인 공포동화. 같은 작가의
보다 본격적인 공포 세계는 청소년 단편집 『손톱이 자라날
때』(문학동네)로 만나 보기를.

7   **꼬마 너구리 삼총사** 이반디 글, 홍선주 그림, 창비, 2010
저학년 동화의 교본으로 삼아도 좋을 만큼 소재, 주제, 구성,
인물, 문장 등 모든 요소가 안정된 책.

8   **꼬부랑 할머니는 어디 갔을까?** 유영소 글, 김혜란 그림, 샘터, 2015
꼬부랑 할머니, 아기장수, 반쪽이 등 우리 옛이야기의
주인공들을 불러내어 새롭고 흥미로운 이야기를 꾸몄다. 같은
작가의 『불가사리를 기억해』(사계절)도 함께 보면 좋다.

9   **나는 비단길로 간다** 이현 글, 백대승 그림, 푸른숲주니어, 2012
상경성에서 북경까지, 북경을 너머 (어쩌면) 로마까지. 다문화
선진국 발해 소녀와 친구들의 비단길 원정기.

10   **나는 천재가 아니야** 로드리고 무뇨스 아비아 글, 나오미양 그림, 김민숙 옮김,
시공주니어, 2013
상처와 결핍에도 불행하지 않은 진짜 사람, 진짜 주인공.
화해와 용서에도 신파로 빠져들지 않는 진짜 결말, 진짜 삶.

11 **난 뭐든지 할 수 있어** 아스트리드 린드그렌 글, 일론 비클란드 그림,

강일우 옮김, 창비, 2015

아스트리드 린드그렌 단편집. 더 이상의 설명은 사족.

12 **내 이름은 삐삐 롱스타킹** 아스트리드 린드그렌 글, 잉리드 방 니만 그림,

햇살과나무꾼 옮김, 시공주니어, 2017

제목만으로 충분하고 충분하고 충분한 책.

13 **내 이름은 타이크** 진 켐프 글, 오승민 그림, 햇살과나무꾼 옮김, 창비, 2008

반전이 주는 엄청난 재미와 감동을 위해 줄거리 소개는

생략한다. 무조건 읽어 보길. 반드시, 기필코, 마땅히, 기어코,

꼭, 필히.

14 **너, 그거 이리 내놔!** 티에리 르냉 글, 베로니크 보아리 그림, 최윤정 옮김,

비룡소, 1997

교실 내 폭력에 대한 솔직한 고민과 건강한 제안. 묵직한

주제를 단순하고 명쾌하게 그렸다.

15 **너는 나의 달콤한 □□** 이민혜 글, 오정택 그림, 문학동네어린이, 2008

어른의 재단과 포장이 아닌, 어린이의 진짜배기 연애 이야기.

연애 감정을 솔직하고 섬세하게 그린 『루카 루카』(풀빛)와 함께

읽어 보길.

16 **너하고 안 놀아** 현덕 글, 송진헌 그림, 창비, 1995

1930년대에 발표된 한국 단편동화의 고전. 시대를 뛰어넘어

여전히 생동감 넘치는 어린이 주인공들.

17 **다슬기 한 봉지** 강무지 글, 이승민 그림, 낮은산, 2008
서울의 인구 밀집은 현실적 이유 탓이지만, 작품의 배경이
서울에 몰려 있는 것은 상상력의 빈곤일 따름. 서울 따위 훌쩍
벗어나 '양산'이라는 지역적 특색에서 자라난 인물들, 말들,
이야기들.

18 **대장간 골목** 바츨라프 르제자치 글, 김중석 그림, 김경옥 옮김, 한겨레아이들, 2012
정의란 무엇인가? 관념적이고 거창한 주제를 실감 나는 지금의
숙제로 만드는 녹색 장부의 마법. 장편 플롯의 모범 사례.

19 **도토리 사용 설명서** 공진하 글, 김유대 그림, 한겨레아이들, 2014
동정과 공감의 차이를 명확히 보여 주는 진짜배기 장애인
이야기.

20 **로봇의 별(전 3권)** 이현 글, 오승민 그림, 푸른숲주니어, 2010
인간 어린이와 거의 똑같은 인공 지능 로봇이 상용화된 미래,
로봇의 3원칙을 제거하고 로봇의 별로 가려는 어린이 로봇
나로와 아라와 네다의 모험과 저항을 그린 장편 SF동화.

21 **루카 루카** 구드룬 멥스 글, 미하엘 쇼버 그림, 김경연 옮김, 풀빛, 2002
신비한 끌림과 떨리는 교감을 지나 가슴 저미는 불안과 상실,
그 이후의 순간까지 오롯이 담아낸 연애동화.

22 마법의 설탕 두 조각 미하엘 엔데 글, 진드라 차페크 그림, 유혜자 옮김,

소년한길, 2001

권위적인 부모를 손톱 만하게 만드는 마법의 설탕 두 조각.
단순한 전개 속에 깊이 있는 고민이 담겨 있다. 같은 작품이
단편으로 실려 있는 『렝켄의 비밀』(보물창고)과 『마법의
수프』(보물창고)를 읽어도 좋다. 미하엘 엔데에게 감탄은 하되,
따라 하려는 시도는 말리고 싶다. 험난한 길이다.

23 마틸다 로알드 달 글, 퀸틴 블레이크 그림, 김난령 옮김, 시공주니어, 2000

비판이라면 이쯤은 신랄해야! 학교와 부모를 부정하려면
이쯤은 전복해야!

24 머피와 두칠이 김우경 글, 지식산업사, 2006

산 넘고 강 건너 숨차게 달리는 똥개 두칠의 호쾌한 모험
이야기.

25 무기 팔지 마세요! 위기철 글, 이희재 그림, 청년사, 2002

허풍을 치려거든 위기철처럼. 학교 앞 장난감 총에서 비롯된
갈등에서 시작해 미국 의회를 접수하고 세계를 놀라게 하는
지구급 모험담. 앤드류 클레먼츠의 『프린들 주세요』(사계절)도
같이 보면 좋다.

26 바라우미 여우 초등학교 미야자와 겐지 글, 류한길 그림, 고향옥 옮김,

우리교육, 2010

미야자와 겐지의 작품치고 덜 난해하고 더 친근한 단편동화집,

그러면서도 여전히 묵직한 겐지의 통찰.

27 **밤의 초등학교에서** 오카다 준 글·그림, 양선하 옮김, 국민서관, 2013
학교에서 홀로 야간 경비를 서게 된 남자 앞에 차례로 나타나는
놀랍고 신비하고 근사한 일들. 과연, 그럴 줄 알았다. 한밤중의
학교!

28 **봉주르, 뚜르** 한윤섭 글, 김진화 그림, 문학동네어린이, 2010
정갈한 문장으로 프랑스 뚜르의 정경 위에 그려 낸 한반도의
아픔. 금기 아닌 금기를 넘어선 수작.

29 **빙하기라도 괜찮아** 이현 글, 김령언 그림, 비룡소, 2016
유일하게 살아남은 어린 공룡이 눈보라에 길을 잃고 헤매다
만난 포유류의 조상과 나누는 우정.

30 **빛돌의 전설** 오카다 준 글·그림, 고향옥 옮김, 보림, 2013
롤플레잉 게임과 현실을 오가는 판타지동화. 잔소리가 아닌
이야기로 전하는 게임의 그늘.

31 **빡빡머리 엄마** 박관희 글, 박해남 그림, 낮은산, 2005
파업에 참가한 비정규직 엄마를 둔 어린이의 갈등과 성장.
쿨한 척하지 않는 순도 높은 눈물.

32 **빵과 장미** 캐서린 패터슨 글, 우달임 옮김, 문학동네, 2010
1912년 매사추세츠주의 섬유공장 파업 당시의 실제 사건을

감동적으로 그려 낸 이야기. 우리 동화로는『빡빡머리
엄마』(낮은산)를 같이 읽길.

33   사자왕 형제의 모험 아스트리드 린드그렌 글, 일론 비클란드 그림, 김경희 옮김,
창비, 2015
삶과 죽음, 이상과 현실, 두려움과 용기, 선과 악, 그러니까
삶에 대한 통찰을 담아 그려 낸 형제의 모험.

34   사토루의 2분 오카다 준 글, 오타 다이하치 그림, 강라현 옮김, 달리, 2005
서구 전래의 용 이야기를 현대적으로 재해석하고 재구성한
판타지동화.

35   산적의 딸 로냐 아스트리드 린드그렌 글, 일론 비클란드 그림, 이진영 옮김,
시공주니어, 1999
판타지로 가득한 숲에서 펼쳐지는 사랑과 우정과 성장의
순간들. 3인칭 화자의 교본으로 삼을 만하다.

36   살아 있는 모든 것들 신시아 라일런트 글, 부희령 옮김, 문학과지성사, 2005
사람과 동물이 교감하는 순간을 다룬 아름다운 동화 열두 편.

37   삼백이의 칠일장(전 2권) 천효정 글, 최미란 그림, 문학동네어린이, 2014
작년에 왔던 각설이처럼 구수한 옛이야기 화자가 들려주는
새로운 옛이야기들. 옛이야기를 전략적으로 재창조하는 데
성공을 거둔 작품.

38 **샐리 존스의 전설** 야코브 베겔리우스 글·그림, 박종대 옮김, 산하, 2016
고릴라 샐리 존스의 비극적인 운명을 낭만적 서사시와 같은
이야기에 담아내면서 생태주의적인 메시지를 전한다.

39 **샬롯의 거미줄** E. B. 화이트 글, 가스 윌리엄스 그림, 김화곤 옮김, 시공주니어,
2000
두말할 필요가 없는 동물 이야기의 고전. 영화 말고 반드시
책으로 읽기를.

40 **서찰을 전하는 아이** 한윤섭 글, 백대승 그림, 푸른숲주니어, 2011
동학 농민 혁명이라는 묵직한 역사를 다루면서도 역사에
짓눌리지 않고 주인공의 이야기로 그려 낸, '역사'가 아닌 '동화'.

41 **세븐 드래곤즈** 에디스 네스빗 글, 이상민 그림, 우혜인 옮김, 아롬주니어, 2011
서구 전설에 등장하는 용을 새롭게 해석한 이야기 일곱 편이
묶인 단편동화집. 무려 백여 년 전, 이미 공주에 대한 편견을
정면으로 반박한 여성 작가에게서 크나큰 교훈을 얻기를.

42 **세상에서 나가는 문** 아나 마리아 슈아 글, 아나 루이사 스톡 그림, 조영실 옮김,
다림, 2006
중남미 판타지문학의 위엄을 실감하게 하는 단편동화집.
중남미 전래의 환상을 현대적으로 그려 낸 솜씨가 일품.

43 **세이 강에서 보낸 여름** 필리파 피어스 글, 에드워드 아디존 그림, 햇살과나무꾼
옮김, 논장, 2016

이렇게까지 아름다울 필요가 있을까 싶을 만큼 아름다운
문장들, 배경들, 인물들, 이야기들.

44 **세 친구의 머나먼 길** 실라 번포드 글, 햇살과나무꾼 옮김, 시공주니어, 2011
인간에 의해 해석된 존재가 아니라 있는 모습 그대로의
동물을 그린 이야기. 논픽션이라고 느껴질 만큼 사실적인
동물들의 대모험으로, 『시튼 동물기』(논장), 『줄리와
늑대』(가나출판사)와 함께 보면 좋은 작품.

45 **손톱이 자라날 때** 방미진 글, 문학동네, 2010
삶의 공포스러운 순간을 환상적으로 그려 낸 단편소설집.
현실과 환상 중 과연 어떤 것이 진짜 공포일까?

46 **수일이와 수일이** 김우경 글, 권사우 그림, 우리교육, 2001
전래의 '손톱 먹은 쥐' 이야기를 모티프로 지금의 현실과
어린이의 고민을 그려 낸 판타지동화. 옛이야기의 성공적인
재창작.

47 **시간 사용법** 낸시 에치멘디 글, 오윤화 그림, 김세혁 옮김, 라임, 2015
자신의 실수로 인한 비극을 되돌리려는 주인공의 치열한
시간 여행. 시간에 대한 철학적 통찰이 감동적인 SF동화.

48 **시간의 주름** 매들렌 렝글 글, 오성봉 그림, 최순희 옮김, 문학과지성사, 2001
실종된 아빠를 찾아 다중우주를 넘나드는 SF 모험담. 『어느 날
미란다에게 생긴 일』(찰리북) 과 함께 읽어 보기를.

49 시튼 동물기(전 5권) 어니스트 톰슨 시튼 글·그림, 햇살과나무꾼 옮김, 논장, 2000

실재한 동물들의 삶을 엮어 낸 이야기들. 픽션보다 더욱 극적인 재미와 감동을 준다.

50 신이 없는 세상 피트 호트먼 글, 곽명단 옮김, 돌베개, 2011

믿음이 투철한 아버지에게 종교를 강요당하던 소년이 스스로 종교를 만들기로 하면서 겪게 되는 우정과 갈등과 성장.

51 쑤우프, 엄마의 이름 사라 윅스 글, 김선영 옮김, 낮은산, 2006

제대로 된 것은 하나도 없는 주인공이 가진 것은 오로지 사소한 행운 그리고 당당한 자존. 결핍을 가진 주인공에게 동정이 아닌 지지와 공감과 응원을 보내게 하는 작품.

52 아마존에 가기는 너무 힘들어 아나 마리아 슈아 글, 아나 루이사 스톡 그림, 송병선 옮김, 좋은엄마, 2004

아마존 탐험 비용을 벌기 위해 남극으로 중국으로 거침없는 모험에 나서는 소녀 이야기. 장대한 판타지를 간결하고 선명한 이야기로 그린 판타지동화.

53 악당의 무게 이현 글, 오윤화 그림, 휴먼어린이, 2014

인왕산 아래 마을에 사는 소년과 들개의 소박한 우정. 서울시 무악동이라는 구체적인 장소를 배경으로 삼은 작품.

54 안녕, 베타 최영희·이인아·권담·경린·김란·홍유정 글, 사계절, 2015

제1회 한낙원과학소설상 수상작품집. SF동화에 대한 현재의 고민과 탐색을 한눈에 볼 수 있다.

55 야수(전 2권) 우에하시 나호코 글, 이규원 옮김, 노블마인, 2008
지금의 현실인 듯 생생한 세계를 배경으로 놀랍고도 신비한 운명에 맞서는 소녀의 모험담. 인류학자이기도 한 작가는 방대한 판타지를 역사의 현장만큼 실감나게 그려 낸다. 『반지의 제왕』에 버금가는 판타지 대작. 같은 작가의 『정령의 수호자』(스토리존)를 비롯한 '수호자 시리즈'도 참고할 만하다.

56 어느 날 미란다에게 생긴 일 레베카 스테드 글, 최지현 옮김, 찰리북, 2010
불가사의한 쪽지를 받은 소녀가 그 뜻을 찾아가면서 놀라운 결말과 시간의 비밀에 다다른다. SF라는 말로는 담아낼 수 없는 독특한 매력.

57 영두의 우연한 현실 이현 글, 사계절, 2009
데이트 폭력, 외계인, 고등학생운동, 첫사랑, 다중우주 등 다양한 소재의 청소년단편집.

58 오, 나의 남자들! 이현 글, 문학동네, 2011
특성화고 요리과 학생 나금영의 인생을 둘러싼 열 명의 남자들 이야기를 통해 여성을 말하는 청소년소설.

59 오늘의 날씨는 이현 글, 김홍모 그림, 창비, 2010
한 마을에 사는 네 아이가 겪어 낸 서로 다른 계절의 하루하루.

이웃이 존재하는 어느 마을의 마지막 풍경을 그린 연작동화집.

60 **오월의 달리기** 김해원 글, 홍정선 그림, 푸른숲주니어, 2013
1980년 5월 18일을 향한 시간 속을 열심히 달려가는 소년들.
예고된 비극을 마주한 소년들의 치열한 고민과 선택. '역사'를
넘어 역사를 살아가는 '사람들'의 이야기.

61 **우리는 바다로** 나스 마사모토 글, 이경옥 옮김, 보림, 2007
소년 캐릭터 백과사전이라 해도 좋을 만큼 섬세하고 개성적인
인물들이 등장하는 장편동화. 성격이 뚜렷한 소년들이 바다와
만나는 이야기.

62 **우리 이웃 이야기** 필리파 피어스 글, 고경숙 그림, 햇살과나무꾼 옮김, 논장, 2011
평범한 곳에서 일어나는 평범한 사람들의 평범한 이야기를
눈부시도록 아름답게 그려 낸 단편집. 아아, 필리파 피어스!

63 **웨이싸이드 학교 별난 아이들** 루이스 새커 글, 김중석 그림, 김영선 옮김,
창비, 2006
'이보다 기발할 순 없다!'라고 단언할 만큼 엉뚱한 이야기 속에
학교와 세태에 대한 풍자가 빛난다. 일단 재미있다.

64 **위풍당당 질리 홉킨스** 캐서린 패터슨 글, 이다희 옮김, 비룡소, 2006
위탁 가정을 전전하며 위풍당당한 척 허세를 떨던 질리
홉킨스가 아픔과 절망 속에서 진정한 성장에 이르는 이야기.
일말의 거짓도 없는 진실한 결말.

65 **6학년 1반 구덕천** 허은순 글, 곽정우 그림, 현암사, 2008
집단 따돌림의 현장을 각각 피해자와 가해자 그리고 피해자
가족의 시점으로 들려주는 현장 보고서 같은 이야기.

66 **일곱 개의 화살(전 2권)** 이현 글, 이지혜 그림, 문학동네어린이, 2017
우리 신화의 저승과 수명장자 그리고 옛이야기의 아기장수 등
전래의 화소를 재구성한 판타지동화.

67 **1945, 철원** 이현 글, 창비, 2012
해방이 되면서 38선 이북 조선민주주의인민공화국에 속한
철원을 살아가던 다양한 사람들의 갈등과 선택.

68 **잃어버린 겨울 방학** 이소완 글, 양상용 그림, 소년한길, 2003
성장의 내밀한 순간을 통과하는 아이들의 마음을 그려 낸
감성적인 단편들. 세련되고 깊이 있고, 기본기에 충실한 수작.

69 **잠들지 못하는 뼈** 선안나 글, 허태준 그림, 미세기, 2011
발로 뛴 취재로 발굴해 낸 현장에서 생생하게 되살아나는
현대사의 아픈 진실.

70 **잠자는 미녀와 마법의 물렛가락** 닐 게이먼 글, 크리스 리들 그림,
장미란 옮김, 주니어김영사, 2016
글과 그림 모두 아름다운 책. 서구 전래의 고전을 페미니즘의
시각으로 절묘하게 엮은 수작.

71 장수 만세! 이현 글, 변영미 그림, 창비, 2013

입시 스트레스로 자살 충동을 겪는 어린이와 청소년 들의
고민을 우리 전래의 저승담으로 풀어낸 판타지동화.

72 전갈의 아이 낸시 파머 글, 백영미 옮김, 비룡소, 2004

장기 기증용 클론으로 자라난 소년을 통해 인간의 존엄을
묻는 SF소설. 같은 주제의 소설로는 가즈오 이시구로의
『나를 보내지 마』(민음사), 만화로는 시미즈 레이코의
『월광천녀』(서울문화사)가 있다. 구약성서 속 카인과 아벨처럼
거듭하여 탐구할 만한 존재론적 소재와 주제, 어쩌면
당면한 과제.

73 제프가 집에 돌아왔을 때 캐서린 애킨스 글, 유제분·이찬영 옮김,

문학과지성사, 2009

괴한에게 납치당해 성적으로 학대당하던 소년이 집으로
돌아왔다. 사건의 결말처럼 보이는 자리에서 시작되는 고통과
갈등을 겪어 내는 소년의 성장 이야기. 조이스 캐롤 오츠의
『좀비』(포레)와 비교해서 읽으며 청소년소설과 소설이 어떻게
같고 다른지 보는 것도 좋겠다.

74 조각난 하얀 십자가 신시아 라일런트 글, 김종민 그림, 박향주 옮김,

문학과지성사, 2002

종교적 열정에 사로잡힌 피터의 종교에 대한 탐색과 갈등을
그린 청소년소설. 『신이 없는 세상』(돌베개), 『준비됐지?』(창비)와
같이 읽어 보면 좋은 작품.

준비됐지? 김옥 글, 홍정선 그림, 창비, 2009

75 독실한 개신교 신자로 자라난 주인공에게 닥친 불행한 사고와
그로 인한 갈등 속에 종교를 화두로 던지는 동화. 교회에
다니는 어린이가 이렇게나 많은데, 어째서 종교에 대해
고민하는 작품이 나오지 않는지 의아하다.

줄리와 늑대 진 크레이그헤드 조지 글, 작은우주 옮김, 가나출판사, 2017

76 알래스카 평원을 홀로 가로지르는 에스키모 소녀 미약스와
늑대 무리 이야기. 이른바 '문명'의 인간이 아닌 에스키모가
자연을 대하는 법.

짜장면 불어요! 이현 글, 윤정주 그림, 창비, 2006

77 첫사랑, 우정, 가족, SF 그리고 짜장면! 다양한 이야기를 담아낸
단편동화집.

천사를 미워해도 되나요? 최나미 글, 홍정선 그림, 한겨레아이들, 2012

78 평범한 아이들의 하나도 안 착하고 안 훌륭한 성장의 순간을
담은 단편동화집. 같은 작가의 『셋 둘 하나』(사계절)도 함께
읽어 보기를.

체리나무 위의 눈동자 윌로 데이비스 로버츠 글, 임문성 옮김, 보물창고, 2011

79 심각한 사건인 척하다가 훈훈한 결말에 이르는 가짜 추리는
가라! 우연히 살인 사건을 목격한 소년의 긴장 넘치는 활약을
담은 추리동화.

80 초정리 편지 배유안 글, 홍선주 그림, 창비, 2006
한글 창제의 의미를 당시 어린이들의 삶 속에 담아낸,
역사동화의 대표작.

81 최기봉을 찾아라! 김선정 글, 이영림 그림, 푸른책들, 2011
어린이가 아닌 어른을, 그것도 권위 세우기 좋아하는 선생님을
주인공으로 하여 학교 안에서 벌어지는 소동.

82 축구 생각 김옥 글, 윤정주 그림, 창비, 2004
열혈 축구 소년의 축구를 위한 분투기 속에 그려지는 교실의
풍경과 아이들의 마음.

83 코랄린 닐 게이먼 글, 데이브 맥킨 그림, 노진선 옮김, 주니어김영사, 2005
영화 『코렐라인』의 원작 동화. 진짜 엄마를 지켜 내기 위해
가짜 엄마와 맞서는 아이의 분투. 영화보다 강렬한 원작의
공포판타지.

84 쿵푸 아니고 똥푸 차영아 글, 한지선 그림, 문학동네어린이, 2017
아픔과 절망의 순간을 스스로의 힘으로 지나는 어린이들의
대견한 성장담 세 편. 저학년동화의 모범으로 삼을 만한 수작들.

85 클로디아의 비밀 E. L. 코닉스버그 글·그림, 햇살과나무꾼 옮김, 비룡소, 2000
가출을 하려거든 클로디아처럼! 메트로폴리탄 미술관을
목적지로 선택한 아이들의 똘똘한 가출담. 이야기에서 구체적인
시공간이 어떤 힘을 발휘하는지 실감해 보길.

86 토끼 청설모 까치 장주식 글, 원혜영 그림, 국민서관, 2007
시골에서 살아가는 인간과 동물의 일상이 실감 나게 담긴
이야기들.

87 패티의 초록 책 질 페이턴 월시 글, 박형동 그림, 햇살과나무꾼 옮김,
사계절, 2010
멸망을 앞둔 지구를 떠나 새로운 행성에 정착한 사람들의
이야기를 기록한 패티의 초록 책. 낮은 학년의 어린이와도
소통할 수 있는 SF동화.

88 푸른 사자 와니니 이현 글, 오윤화 그림, 창비, 2015
세렝게티 국립공원에서 살아가는 암사자와 여러 동물들의
이야기.

89 풍선 세 개 김양미 글·그림, 시공주니어, 2011
이혼으로 인한 이별을 앞둔 가족의 마지막 밤. 섣부른
동정이나 어설픈 신파에 빠지지 않고, 담담하고 세련되게
그려 낸 이별의 순간.

90 플레이 볼 이현 글, 최민호 그림, 한겨레아이들, 2016
부산에서 나고 자란 야구 소년의 열혈 야구 이야기.

91 플루토 비밀결사대 한정기 글, 유기훈 그림, 비룡소, 2005
아이들의 헛소동이 아니라 제대로 된 범죄를 추적하는
탐정단의 대활약. 추리에 대한 어린이 독자의 열렬한 흥미에

호응하는 책.

92 **피터의 기묘한 몽상** 이언 매큐언 글, 앤서니 브라운 그림, 서애경 옮김, 아이세움,
2005
걸핏하면 딴생각에 빠지는 소년의 몽상을 통한 신비한 체험을
그린 판타지동화.

93 **하라바라 괴물의 날** 장자화 글, 나오미양 그림, 전수정 옮김, 사계절, 2008
중국식 판타지 단편동화집. 각각의 독립성을 지닌 단편들이
객차처럼 이어져 환상적인 세계로 나아간다.

94 **학교에 간 사자** 필리파 피어스 글, 햇살과나무꾼 옮김, 논장, 2010
필리파 피어스의 더할 나위 없이 근사한 단편동화집. 전설의
영어 공부법을 따라 한 장씩 뜯어서 꼭꼭 씹어 먹기를.

95 **학교 영웅 전설** 최나미 글, 윤지회 그림, 웅진주니어, 2011
영웅을 꿈꾸는 소년들 앞에 나타난 영웅의 전설과 현실의 영웅.
그 속에서 드러나는 영웅의 진실과 소년들의 성장담.

96 **한밤중 톰의 정원에서** 필리파 피어스 글, 햇살과나무꾼 옮김, 창비, 1993
마음의 시간으로 생겨난 환상적인 시공간에서 세대를 초월한
공감과 우정을 나누는 판타지동화의 고전.

97 **한순간 바람이 되어라(전 3권)** 사토 다카코 글, 이규원 옮김, 노블마인,
2007

재능의 한계로 축구를 포기한 뒤, 육상부에서 다시 달리는 소년의 성장담. 바람 소리까지 들리는 듯 생생한 달리기의 풍광과 긴장감 넘치는 대회 플롯이 흥미진진하다.『플레이볼』(한겨레아이들)과 함께 읽어 볼 만하다.

98 **할아버지의 뒤주** 이준호 글, 백남원 그림, 사계절, 2007
할아버지의 뒤주를 통해 시간 여행을 하는 주인공을 따라가다 보면 한국전쟁의 아픔과 직면하게 된다. 서구 판타지동화의 플롯을 한국적 소재로 훌륭하게 재창조해 낸 작품.

99 **헨쇼 선생님께** 비벌리 클리어리 글, 이승민 그림, 선우미정 옮김, 보림, 2005
일기와 편지를 오가는 구성으로 소년의 내밀한 마음을 실감 나게 그린 수작. 그러나 일반적인 경우, 편지와 일기 형식은 권하지 않는다. 감상에 젖은 일기장이 되기 십상.

100 **힘을, 보여 주마** 박관희 글, 변영미 그림, 창비, 2006
이것이 과연 동화인가? 동화의 소설화 경향에 대한 논란을 불러일으킨 작품 중 하나. 그만큼 현실의 아픔과 모순을 핍진하게 그려 낸 리얼리즘 단편동화집.

1   **거짓말하는 어른** 김지은 지음, 문학동네, 2016
    어린이문학 현장과 통하는 어린이문학 평론집.
    같은 작가의 다른 책은 물론이고, 여러 매체의 기고문도
    찾아서 읽어 보길.

2   **나는 왜 쓰는가** 조지 오웰 지음, 이한중 옮김, 한겨레출판, 2010
    작가로 산다는 것. 이 엄숙한 질문에 대한 조지 오웰의 치열한
    통찰. 작가에 대한 사심을 더해 너무나 사랑하는 책이다.

3   **어린이문학의 즐거움(전 2권)** 페리 노들먼 지음, 김서정 옮김,
    시공주니어, 2001
    어린이문학의 성문 기본영어. 솔직히 흥미로운 내용은
    아니지만 일단 읽어 보기를.

4   **어린이책 읽는 법** 김소영 지음, 유유, 2017
    어린이 독자와 어린이문학을 대하는 저자의 태도를 배울 수
    있다. 구체적인 정보 또한 유익하다.

5   **옛이야기와 어린이책** 김환희 지음, 창비, 2009
    독보적인 옛이야기 연구자가 비교문학적 식견으로
    어린이문학과 구비문학을 깊이 있게 설명한다.

같은 작가의 다른 책도 함께 보면 좋다.

6 **용의 아이들** 마리아 니콜라예바 지음, 김서정 옮김, 문학과지성사, 1998
니콜라예바는 당대 어린이문학의 새로운 고민을 다양하게
담아내는 평론가다. 쉽게 읽히는 글은 아닌데, 주문을 왼다는
기분으로 읽다 보면 번득 깨달음의 순간이 찾아온다. 진짜다.

7 **유혹하는 글쓰기** 스티븐 킹 지음, 김진준 옮김, 김영사, 2017
명불허전 글쟁이 스티븐 킹의 창작론. 지금의 스티븐 킹이
있기까지의 연대기와 구체적인 창작 지침 모두 유용하다.
그리고 재미있다!

8 **이야기 넘치는 교실 온작품읽기** 신수경·이유진·조연수·진현 지음, 북멘토,
2016
교실에서 온작품읽기를 진행한 교사들의 경험담. 어린이 독자의
반응을 생생하게 읽어 볼 수 있다.

9 **인간의 마음을 사로잡는 스무 가지 플롯** 로널드 B. 토비아스 지음,
김석만 옮김, 풀빛, 2007
플롯에 대한 기본 개념을 정리하고, 플롯을 스무 가지로
유형화했다. 그런 유형에 갇혀서는 안 되지만, 유형을 알아
두는 건 플롯에 대한 고민에 도움이 된다.

10 **STORY 시나리오 어떻게 쓸 것인가** 로버트 맥키 지음, 고영범·이승민
옮김, 민음인, 2002

할리우드 시나리오 작법의 대가가 쓴 이야기 건축법이라고 해도 좋겠다. 할리우드 영화의 비법이 담겨 있으니 보물찾기 하듯 살펴보기 바란다.

1 박지원 원작, 장철문 글, 『양반전』(창비, 2004), 55쪽.

2 유강희, 「뒤로 가는 개미」, 『뒤로 가는 개미』(문학동네어린이, 2015), 78-79쪽.

3 우에하시 나호코, 이규원 옮김, 『야수 2』(노블마인, 2008), 374-375쪽.

4 이현, 『플레이 볼』(한겨레아이들, 2016), 181쪽.

5 미야자와 겐지, 고향옥 옮김, 「조개불」, 『바라우미 여우 초등학교』(우리교육, 2010), 60쪽.

6 E. L. 코닉스버그, 햇살과나무꾼 옮김, 『클로디아의 비밀』(비룡소, 2000), 11쪽.

7 사라 윅스, 김선영 옮김, 『쑤우프, 엄마의 이름』(낮은산, 2006), 10쪽.

8 같은 책 210쪽.

9 필리파 피어스, 햇살과나무꾼 옮김, 「목초지에 있던 나무」, 『우리 이웃 이야기』(논장, 2011), 70쪽.

참고 문헌

강무지, 『다슬기 한 봉지』(낮은산, 2008)

고은명, 『후박나무 우리 집』(창비, 2013)

공진하, 『도토리 사용 설명서』(한겨레아이들, 2014)

구드룬 멥스, 김경연 옮김, 『루카 루카』(풀빛, 2002)

김선정, 『최기봉을 찾아라!』(푸른책들, 2011)

김양미, 『풍선 세 개』(시공주니어, 2011)

김옥, 『준비됐지?』(창비, 2009)

김옥, 『축구 생각』(창비, 2004)

김해원, 『오월의 달리기』(푸른숲주니어, 2013)

김희숙, 『엄마는 파업 중』(푸른책들, 2006)

나스 마사모토, 이경옥 옮김, 『우리는 바다로』(보림, 2007)

낸시 파머, 백영미 옮김, 『전갈의 아이』(비룡소, 2004)

닐 게이먼, 장미란 옮김, 『잠자는 미녀와 마법의
　　　물렛가락』(주니어김영사, 2016)

닐 게이먼, 노진선 옮김, 『코랄린』(주니어김영사, 2005)

로널드 B. 토비아스, 김석만 옮김, 『인간의 마음을 사로잡는
　　　스무 가지 플롯』(풀빛, 2007)

로버트 맥키, 고영범·이승민 옮김, 『Story 시나리오 어떻게
　　　쓸 것인가』(민음인, 2002)

로알드 달, 김난령 옮김, 『마틸다』(시공주니어, 2000)

루시 모드 몽고메리, 『빨간 머리 앤』

루이스 새커, 김영선 옮김, 『웨이싸이드 학교 별난 아이들』(창비,
  2006)

린다 수 박, 해와달 옮김, 『매기의 야구 노트』(서울문화사, 2009)

매들렌 렝글, 최순희 옮김, 『시간의 주름』(문학과지성사2001)

미야베 미유키, 이규원 옮김, 『이유』(청어람미디어, 2005)

미하엘 엔데, 유혜자 옮김, 『마법의 설탕 두 조각』(소년한길, 2001)

바츨라프 르제자치, 김경옥 옮김, 『대장간 골목』(한겨레아이들,
  2012)

박관희, 「다복이가 왔다」, 「문간방 갈래머리」, 『힘을, 보여
  주마』(창비, 2006)

배유안, 『초정리 편지』(창비, 2006)

사라 윅스, 김선영 옮김, 『쑤우프, 엄마의 이름』(낮은산, 2006)

스티븐 킹, 김진준 옮김, 『유혹하는 글쓰기』(김영사, 2017)

신시아 라일런트, 부희령 옮김, 『살아 있는 모든
  것들』(문학과지성사, 2005)

아스트리드 린드그렌, 강일우 옮김, 「펠레의 가출」, 「난 뭐든지
  할 수 있어」(창비, 2015)

아스트리드 린드그렌, 햇살과나무꾼 옮김, 『내 이름은 삐삐
  롱스타킹』(시공주니어, 2017)

아스트리드 린드그렌, 이진영 옮김, 『산적의 딸 로냐』(시공주니어,
  1999)

야코브 베겔리우스, 박종대 옮김, 『샐리 존스의 전설』(산하, 2016)

에디스 네스빗, 우혜인 옮김, 「야수들에 대한 책」, 『세븐
  드래곤즈』(아롬주니어, 2011)

오카다 준, 고향옥 옮김, 『빛돌의 전설』(보림, 2013)

오카다 준, 강라현 옮김, 『사토루의 2분』(달리, 2005)

오카 슈조, 고향옥 옮김, 「거짓말이 가득」, 『거짓말이 가득』(창비, 2009)

우에하시 나호코, 이규원 옮김, 『야수』(노블마인, 2008)

움베르트 에코, 이윤기 옮김, 『장미의 이름 창작노트』(열린책들, 2002)

유영소, 「꼬부랑 할머니는 어디 갔을까?」(샘터사, 2015)

위기철, 『무기 팔지 마세요!』(청년사, 2002)

위더, 『플랜더스의 개』

이반디, 『꼬마 너구리 삼총사』(창비, 2010)

이소완, 「잃어버린 겨울 방학」, 『잃어버린 겨울 방학』(소년한길, 2003)

이언 매큐언, 서애경 옮김, 『피터의 기묘한 몽상』(아이세움, 2005)

이준호, 『할아버지의 뒤주』(사계절, 2007)

이현, 『나는 비단길로 간다』(푸른숲주니어, 2012)

이현, 『악당의 무게』(휴먼어린이, 2014)

이현, 「빨간 신호등」, 『영두의 우연한 현실』(사계절, 2009)

이현, 『오, 나의 남자들!』(문학동네, 2011)

이현, 「햇빛 쏟아지는 날」, 『오늘의 날씨는』(창비, 2010)

이현, 『일곱 개의 화살』(문학동네어린이, 2017)

이현, 『장수 만세!』(창비, 2013)

이현, 「짜장면 불어요!」, 「3일간」, 『짜장면 불어요!』(창비, 2006)

이현, 『플레이 볼』(한겨레아이들, 2016)

이현, 『1945, 철원』(창비, 2012)

장자화, 『하라바라 괴물의 날』(사계절, 2008)

장주식, 『토끼 청설모 까치』(국민서관, 2007)

조이스 캐롤 오츠, 공경희 옮김, 『좀비』(포레, 2012)

질 페이턴 월시, 햇살과나무꾼 옮김, 『패티의 초록 책』(사계절, 2010)

차영아, 「라면 한 줄」, 『쿵푸 아니고 똥푸』(문학동네어린이, 2017)

『철원군지』

최나미, 「셋 둘 하나」, 『셋 둘 하나』(사계절, 2007)

최나미, 『천사를 미워해도 되나요?』(한겨레아이들, 2012)

최나미, 『학교 영웅 전설』(웅진주니어, 2011)

『춘향전』

캐서린 애킨스, 『제프가 집에 돌아왔을 때』(문학과지성사, 2009)

캐서린 패터슨, 이다희 옮김, 『위풍당당 질리 홉킨스』(비룡소, 2006)

콜슨 화이트헤드, 황근하 옮김, 『언더그라운드 레일로드』(은행나무, 2017)

티에리 르냉, 최윤정 옮김, 『바비 클럽』(비룡소, 2005)

필리파 피어스, 햇살과나무꾼 옮김, 「학교에 간 사자」, 『학교에 간 사자』(논장, 2010)

한윤섭, 『봉주르, 뚜르』(문학동네어린이, 2010)

한윤섭, 『서찰을 전하는 아이』(푸른숲주니어, 2011)

허균, 『홍길동전』

허은순, 『6학년 1반 구덕천』(현암사, 2008)

E. B. 화이트, 김화곤 옮김, 『샬롯의 거미줄』(시공주니어, 2000)

E. L. 코닉스버그, 햇살과나무꾼 옮김, 『클로디아의 비밀』(비룡소, 2000)

동화 쓰는 법
: 이야기의 스텝을 제대로 밟기 위하여

2018년 2월 24일	초판 1쇄 발행
2024년 6월 4일	초판 9쇄 발행

지은이
이현

펴낸이	**펴낸곳**	**등록**
조성웅	도서출판 유유	제406-2010-000032호(2010년 4월 2일)

주소
경기도 파주시 돌곶이길 180-38, 2층 (우편번호 10881)

전화	**팩스**	**홈페이지**	**전자우편**
031-946-6869	0303-3444-4645	uupress.co.kr	uupress@gmail.com

페이스북	**트위터**	**인스타그램**
www.facebook .com/uupress	www.twitter .com/uu_press	www.instagram .com/uupress

편집	**디자인**	**마케팅**
조편, 전은재	이기준	전민영

제작	**인쇄**	**제책**	**물류**
제이오	(주)민언프린텍	다온바인텍	책과일터

ISBN 979-11-85152-78-3 04080
      979-11-85152-36-3 (세트)

박물관 보는 법
보이지 않는 것을 보는 감상자의 안목
황윤 글, 손광산 그림

박물관을 제대로 알고 감상하기 위한 책. 소장 역사학자이자 박물관 마니아인 저자가 오래도록 직접 발품을 팔아 수집한 자료와 직접 현장을 누비면서 본인이 듣고 보고 느낀 내용을 흥미로운 스토리텔링 방식으로 집필했다. 우리 근대 박물관사의 흐름을 한눈에 꿰게 할 뿐 아니라 그 흐름을 만들어 간 사람들의 흥미로운 사연과 앞으로 문화 전시 공간으로서 박물관이 나아갈 바람직한 방향까지 가늠하게 해 준다. 일제 치하에서 왜곡된 방식으로 근대를 맞게 된 우리 박물관의 역사도 이제 100여 년이 되었다. 박물관을 설립하는 데 관여한 사람들과 영향을 준 사건들을 살피다 보면 유물의 소장과 보관의 관점에서 파란만장한 우리 근대 100년사를 일별할 수 있다. 또한 공간의 관점에서도 단순히 유물과 예술품을 전시하는 건물로만 여겼던 박물관이 색다르게 다가온다. 보이지 않던 박물관의 면모가 보이고 이를 통해 박물관을 관람하는 새로운 시야를 열어 줄 것이다.

**땅콩
문고**

책 먹는 법
든든한 내면을 만드는 독서 레시피
김이경 지음

저자, 번역자, 편집자, 논술 교사, 독서 모임 강사 등 텍스트와 관련한 여러 가지 일을 오래도록 섭렵하면서 단련된 독서가 저자 김이경이 텍스트 읽는 법을 총망라하였다. 읽기 시작하는 법, 질문하면서 읽는 법, 있는 그대로 읽는 법, 다독법, 정독법, 여럿이 함께 읽는 법, 어려운 책 읽는 법, 쓰면서 읽는 법, 소리 내어 읽는 법, 아이와 함께 읽는 법, 문학 읽는 법, 고전 읽는 법 등 여러 가지 상황과 처지에 맞게 책을 접하는 방법을 자신의 인생 갈피갈피에서 겪은 체험과 함께 소개한다.

서평 쓰는 법
독서의 완성
이원석 지음

서평은 독서의 완성이다. 하지만 아직까지 우리는 서평의 본질에 대한 이해조차 부족하다. 흔히들 책의 요약이나 독후감을 서평으로 이해하지만 서평은 책의 요약이 아니다. 요약은 서평의 전제로서 고급 독자는 서평으로 자기 생각을 내놓는다. 또한 원칙적으로 모든 저자는 서평 쓰기로부터 집필을 시작한다. 그렇다면 서평은 모든 글쓰기의 시작이라고 볼 수 있다. 이 책은 그 시작을 본질부터 차근차근 설명한 안내서다.

어린이책 읽는 법
남녀노소 누구나
김소영 지음

어린이가 평생 독자로 되기를 바라는 어른을 위한 어린이책 안내서. 어린이에게 책이 무엇인지, 독서가 무엇인지 알려 주고, 아이와 책장을 정리하는 법, 분야별로 책 읽는 법과 좋은 책 이야기를 알차게 담았다. 이야기마다 저자가 독서교실에서 만난 아이들의 생생한 일화를 예로 들고 있어 더욱 친근감을 준다. 한편으로 저자는 이 책이 어린이만을 위한 것이 아니라 책 읽기가 정체된 어른에게도 유익하리라 권한다. 실제로 어른도 읽어 보고 싶은 어린이책이 가득 소개되어 있다.

학생이 배우고 익히는 법
미국 명문고 교장이 각계 전문가들과
완성한 실용 공부법
리처드 샌드윅 지음, 이성자 옮김

저자 리처드 샌드윅은 대학교에서 교육 심리학을 공부했고 고등학교의 교장으로 부임해 그 학교를 미국 내 명문학교로 키우는 데 큰 공헌을 한 사람이다. 그는 학생의 공부 습관이나 노하우에 관심을 갖고 꼭 필요한 요령을 파악해 학생에게 도움을 주고자 했다. 그는 이 책을 각 분야의 전문가의 도움을 받아 완성했다. 심리, 교육부터 영양까지 다채로운 분야의 전문가의 조언으로 다듬어진 덕분에 이 책은 교사와 학부모의 높은 신뢰를 받아 오래도록 학생 교육 방면에서 스테디셀러로 자리매김했다. "학생들이 효율적인 공부를 하기 위한 보편 원칙을 간단히 터득하게 하는 것"을 목적으로 한다고 밝힌 데에서도 알 수 있듯, 이 책은 공부의 보편 원칙을 앞에 놓고 개별 과목의 공부법을 뒤에 두어 먼저 공부할 때 동기를 부여하려 한다. 학생에게 공부란 무엇인지, 왜 공부를 해야 하는지 설명하고, 뒤이어 공부하는 법을 알려 준다.

열 문장 쓰는 법
못 쓰는 사람에서 쓰는 사람으로

김정선 지음

유유의 스테디셀러 『내 문장이 그렇게
이상한가요?』와 『동사의 맛』을 쓴
문장수리공 김정선의 글쓰기 안내서.
저자는 글쓰기가 어려운 이유는
우리가 한국어 문장을 잘 구사한다고
착각하고 있기 때문이라고 지적하면서
글쓰기가 '나만의 것'을 '모두의
언어'로 번역하는 행위임을 이해하고,
한국어 문장 쓰는 일에 익숙해져야
한다고 말한다. 최소한 열 문장 정도는
무리 없이 써 내려 갈 수 있도록,
못 쓰는 사람에서 쓰는 사람이 되도록
함께 연습하자고 제안하는 책.

작은 출판사 차리는 법
선수 편집자에서 초짜 대표로

이현화 지음

25년간 편집자로 일해 온 저자는
"내 시간을 온전히 내 것으로" 쓰며
일하기 위해, "책을 통해 독자, 나아가
세상과 소통"하기 위해 작은 출판사를
차렸다. '선수' 편집자에서 '초짜'
대표가 되어 고군분투하며 출판사를
꾸려 온 지 어언 2년. 책을 둘러싼
사람들과 지지고 볶고, 원고 붙들고
북치고 장구치고, 온갖 계약서와 숫자
앞에서 좌충우돌한 시간과 출판사를
차리고 꾸려 가는 과정에서 맞닥뜨린
고민과 불안, 선택과 결정의 순간을
솔직담백하게 써냈다.

아이와 함께 역사 공부하는 법
시야를 넓게, 생각을 깊게

강창훈 지음

어떻게 하면 아이들에게 역사를
친숙하고 자연스럽게 소개할 수
있을까? 역사를 가르쳐 주지는
못하더라도 올바른 역사관을 가질 수
있게 도울 방법은 없을까? 오랫동안
역사책을 만드는 편집자로 일하다가
어린이를 위한 역사책을 쓰는 작가로
활동하던 저자가 왜 일찍부터 역사를
접하는 것이 중요한지, 도처의 역사
소재를 어떻게 활용하면 아이와
어른 모두에게 유익한 공부를 할 수
있는지, 그 자연스러운 공부를 통해
어떤 즐거움과 가르침을 얻을 수
있는지 소개한다.

만화 그리는 법
당신도 만화가가 될 수 있다!
소복이 지음

'어쩌다가' 만화가가 되어 만화와
그림을 쓰고 그리는 소복이의
첫 에세이. 15년째 만화 그리는
게 세상에서 가장 재미있다는
이 만화가에게 사람들은 묻는다.
"만화는 어떻게 그리면 되나요?"
이 책은 이 질문에 대한 대답이자 평생
만화가를 꿈꿔 본 적 없는 사람이
어떻게 만화에 매료되어 영원히
만화를 그리며 살고 싶어졌는지에
대한 이야기다.
주인공은 어떻게 만들고, 이야기는
어떻게 지을까? 만화가의 색깔이란
무엇이며, 만화가로 먹고사는 삶은
어떨까? 누구나 시작할 수 있고,
시작해 보면 정말 재밌는 일이라며
독자이기만 했던 우리를 만화의
세계로 초대한다.

청소년책 쓰는 법
쉽게 쓰기가 가장 어려운 당신에게 보내는
원고 청탁서
김선아 지음

성인, 어린이, 청소년 논픽션을 두루
만들며 청소년책에 대해 오랫동안
고민한 편집자가 성인책과 청소년책은
어떻게 다르며 청소년책은 어떠해야
하는지, 어떻게 하면 청소년책을
잘 쓸 수 있는지 등을 설명하는 책.
청소년책 중에서도 청소년 논픽션
분야에 초점을 맞추고 어떤 태도와
감성, 어휘로 독자에게 다가가면
좋을지를 꼼꼼히 짚어 이야기하며
청소년책을 쓰고자 하는 이들은 물론
찾고 고르고 고민하는 이들, 만드는
이들에게까지 실질적인 도움을 준다.

일기 쓰는 법
매일 쓰는 사람으로 성찰하고
성장하기 위하여
조경국 지음

저자 조경국 작가는 2006년부터
현재까지 약 15년간 일기를 쓰고
있다. 다양한 책을 꾸준히 펴내 온
저자도 일기를 매일 쓰기는 쉽지
않았다. 습관이 된 후에도 어떻게 하면
일기를 더 잘 쓸 수 있을지 궁리해
왔다. 이 책에서 그는 어떻게 매일
쓰는 한결같은 마음가짐을 새기게
되었는지부터 일기는 어떤 내용으로
채워야 하는지, 또 일기를 쓸 때 어떤
도구를 쓰면 좋은지 등 일기를 쓰며
배운 점들을 차근차근 풀어놓는다.
일기를 꾸준히 쓰겠다고 마음먹었지만
매번 실패했던 사람들에게 용기를
주고, 이제 시작하는 사람에게는
시행착오를 줄일 방법을 알려 주는
책이다. 일기를 쓰면 인생까지는
몰라도 일상은 매일 조금씩 달라지지
않을까.